McDonald's Korea
35 Years

Brand Story

1988  **2023**

Making Delicious,
Feel-Good Moments
Easy for Everyone

모두가 쉽게 즐기는 맛있는 순간

사람 중심, 포용, 정직, 커뮤니티, 패밀리
변함 없는 가치를 담아

Serve, Inclusion, Integrity,
Community, Family

"If I had a brick for every time I've repeated the phrase
Quality, Service, Cleanliness and Value,
I think I'd probably be able to bridge the Atlantic
Ocean with them." _Ray Kroc

내가 QSC & V를 언급할 때마다 벽돌을 한 개씩 쌓아 다리를 만들었다면,
대서양도 가로지를 수 있었을 것입니다. _레이크록

CONTENTS

고객의 '즐거운
경험'을 생각하는
한국맥도날드
김기원
대표이사를
만나다.

글.
강한기
작가

샤라인 정채선

우리의
역사에는
우리 모두의
경험과
추억이
담겨 있다

Ⓜ 가슴에 담긴 그해 봄날의 기억

여기, 색바랜 사진이 있다. 먼저 눈에 띄는 것은 거대한 삐에로 풍선이다.
빨간 머리카락, 새하얀 얼굴, 노란 옷. 당장 춤이라도 출 것 같다. 건물 앞은
사람들로 가득하다. 빈 공간이 없다. 어린이들은 한 손으로 엄마 치마자락을,
다른 한 손으로 빨간 풍선을 꼭 쥐고 있다. 흥분과 설렘의 감정이 느껴진다.
올림픽이 개최되었던 그해, 맑기만 했던 봄날. 맥도날드는 그렇게 우리들의
기억에 자리 잡았다. 지금도 누군가의 앨범에는 그날이 남아있을 것이다.
누군가는 그곳에서 사랑을 시작했고, 누군가는 그곳에서 청년의 꿈을 키웠을
것이다. 그래서 맥도날드는 '누군가'가 아닌 '우리' 모두의 국민 브랜드로
남아있는지도 모른다.

Ⓜ Feel Good Moments, 고객의 가슴 속으로

벌써 35년이 흘렀다. 그 세월 동안 잔잔한 추억이었던 맥도날드에는 새로운
수식어가 따라붙었다. 매출 1조 원의 거대 식품기업, 수많은 최초와 최고의
기록들… 글로벌 위상을 떠올리면 당연하지만, 소소한 추억을 생각한다면
사뭇 낯선 느낌이다.

김기원 대표이사와의 인터뷰는 그런 점에서 색다른 설렘을 안겨주었다. 대기업 대표를 만난다는 긴장감 대신, 함께 추억을 공유해온 친구처럼 편안한 느낌이랄까. 첫 질문은 35년의 의미부터 시작했다. 그는 지난 35년을 어떻게 평가할까?

"Feel Good Moments라는 브랜드 정신이 있어요. 맛있는 음식, 정겹고 친근한 공간, 신메뉴나 프로모션에 대한 기대… 이런 걸로 오래 기억되는 순간을 남기는 겁니다. 지난 35년에는 그런 의미가 담겨 있다고 봐요. 모두의 기억에 그런 '동네 친구'같은 맥도날드가 남아있으니까요."

그런 면에서 맥도날드는 행복한 기업이다. 누군가의 행복을 위한 고민이 새 역사를 만들고, 새 문화를 만들었다. '성장'은 '목표'가 아니라 '과정'이었던 것.

"드라이브 스루나 24시간 영업, 맥모닝, 맥딜리버리… 맥도날드의 길은 대부분 최초였죠 맥도날드가 시작하면, 다른 회사들도 뒤를 따르면서 새 문화가 되었습니다. 고객의 행복을 위한 고민이 문화를 바꾸고, 산업을 바꾼 겁니다."

BTS와 함께, 문화와 함께

그는 마케팅 전문가다. 마케터의 관점에서 맥도날드의 브랜드를 어떻게 평가할까?

"중요한 건 고객에게 어떤 경험을 남겼는가 하는 거죠. 오래 기억되는 경험이 남을 때, 성공한 마케팅이라는 생각이 들어요. 그런 점에서 BTS 캠페인이 떠오릅니다."

이 캠페인은 2021년, 세계 50개국에서 진행된 글로벌 프로젝트다. 세계 각 매장의 맥도날드 크루들은 한글이 적힌 유니폼을 입고 고객을 맞았다. 한국이 개발한 소스가 공급되었고, 각 매장은 보라색 물결로 가득 찼다.

"코로나 팬데믹 때여서 어려움이 많았죠. 특히 우리나라 역할이 매우

컸습니다. 그때 자긍심을 느꼈어요. 세계의 고객들에게 우리의 문화를
알린다는 게 너무 즐거웠고, 소중한 경험을 제공했다는 측면도 그렇고."

최근 진행되는 뉴진스 캠페인도 그런 점에서 의미가 있다.

"세계에서 이 캠페인을 요청합니다. 함께 문화를 즐기고 경험을 공유할 때
고객 가까이 다가갈 수 있는 거죠. K-pop을 비롯해 한국 문화의 영향력이
커지는 지금, 한국의 역할도 매우 중요해졌다고 봅니다."

맥도날드의 경영 지침은 '5대 핵심가치'

맥도날드에는 많은 사람들이 일한다. 매장의 크루, 라이더를 비롯해 무려
1만 8,540명의 맥도날드 사람들이 있다. 이들은 맥도날드에서 사람을 만나고
사회를 배운다. 맥도날드의 교육 시스템은 단연 세계적이다. 일본 베스트셀러
가운데 '나는 인생을 맥도날드에서 배웠다'라는 책이 있을 정도니.
맥도날드에서 '사람'은 그만큼 중요하다.

"맥도날드는 열린 채용을 추구합니다. 나이, 학력, 성별, 지역, 장애 여부는
보지 않습니다. 그렇게 채용된 직원들은 철저한 인재 성장 프로그램을 이수
받게 됩니다. 점주님들도 오픈 전까지 9개월에 걸친 교육을 받습니다. 매장
청소부터 패티 굽기는 물론, 관리와 회계까지요."

최근 맥도날드는 연세 지긋한 시니어 크루, 주부 크루를 광고 모델로
기용했다. 그것이 맥도날드에서는 특이한 일이 아니다. 어디서든 장애인
크루, 시니어 크루를 만날 수 있다.

"맥도날드에는 5대 핵심가치가 있어요. 우리가 하는 방향이 핵심가치에
부합하는지 늘 생각합니다."

모든 결정을 고객 중심으로 하는 것, 성별·국적·장애 등 어떠한 차별도 없는
열린 채용, RMHC 지원, 행복의 버거 후원, 인재양성, '한국의 맛 Taste of
Korea' 프로젝트 등 맥도날드의 모든 활동이 이에 해당한다.

Serve 사람/고객 중심 _ 우리는 고객과 직원을 가장 먼저 생각합니다
Inclusion 포용 _ 우리는 다양성을 존중하며 모두에게 기회를 제공합니다
Integrity 정직 _ 우리는 언제나 정직하게 옳은 일을 합니다
Community 지역사회 _ 우리는 좋은 이웃으로 지역사회에 기여합니다
Family 가족 _ 우리는 모두와 함께 더 나은 내일을 만듭니다

35년의 역사, 35년의 협력 - 세 다리 의자 철학

그가 힘주어 말한 경영철학이 하나 더 있다. 바로 세 다리 의자 철학이다.
맥도날드 창립자 레이 크록은 '협력업체가 1달러를 벌고, 프랜차이즈 가맹점이
1달러를 번 다음 맥도날드 본사가 1달러를 벌겠다'는 말을 남긴 바 있다.

"1950년대 맥도날드가 작은 가게로 창업했을 때, 패티를 공급하던 육가공
회사가 하나 있어요. 처음에는 작은 회사였지만, 지금은 세계적인 기업이
되었죠. 맥도날드와 협력업체가 함께 동반 성장의 길을 걸었던 겁니다."

'하청업체', '갑질문화'라는 말이 통용되는 한국 사회에서 세 다리 의자
철학은 지나친 '이상' 아닐까? 한국에서도 그런 사례가 가능할까?

"지난 35년 동안 함께 한 협력업체가 참 많아요. 대표적으로는 매일유업과
오뚜기를 들 수 있지요. 물론 오래 거래하는 것이 능사는 아닙니다. 공통의
가치를 찾고, 그것을 위해 함께 노력할 때 의미가 있습니다. 맥도날드는
협력업체와 함께 최고 품질을 만들기 위해 늘 연구하고, 고심합니다."

최근 이러한 협력 사례가 화제를 모은 적이 있다. 맥도날드와 매일유업,
사료회사 카길애그리퓨리나의 선순환 ESG 경영이다. 맥도날드에서 커피를
추출하고 남은 커피박을 재활용해 소의 사료로 만들고 이를 매일유업의
농장에 있는 소들이 먹는다. 이 소들에게서 짜낸 우유가 다시 맥도날드에
공급되는 선순환 체계가 마련된 것이다. 모두가 함께 고민했기에 가능한
일이다. '세 다리 의자'의 한 축인 가맹점주에 대한 지원도 마찬가지다.

"맥도날드의 성공은 점주님들의 성공이 선행되어야 가능합니다. 맥도날드는 이들의 성장을 위해 교육을 지원하고, 더 많은 고객을 만날 수 있도록 마케팅, 이벤트를 함께 합니다. 맥도날드에는 지금도 20여 년 이상 함께 걸어온 점주님들이 많습니다. 그 점이 매우 자랑스러워요."

지역농민들과 함께 했던 그 날의 기억

'한국의 맛 Taste of Korea' 캠페인도 맥도날드에게 큰 의미가 있다.

"어떻게 하면 지역사회에 도움이 될지 많이 생각해요. 더 좋은 한국 농산물, 잘 알려지지 않은 재료를 활용할 방법을 찾게 되는 거 같아요."

경상남도 창녕 마을을 활용한 '창녕 갈릭 버거', 전라남도 보성의 녹차를 접목한 '보성녹돈 버거' 등이 대표적이다.

"지역 관계자들이 굉장히 고마워 하셨어요. 맥도날드가 직접 구입하는 양도 많지만 그보다 브랜드 홍보 효과가 매우 컸다고 말입니다."

보성에서 일일 팝업 스토어를 운영한 것도 뜻깊은 이벤트였다.

"보성녹돈 버거를 만들었는데, 정작 그분들은 버거를 드셔본 적이 없다는 거예요. 그래서 팝업 스토어를 열었죠. 개그맨 김신영 씨, 가수 송가인 씨, 육중완밴드 등의 공연도 하고. 너무 행복해 하셨던 그 분들의 모습, 그게 바로 'Feel Good Moments'였다고 생각해요."

맥도날드는 좋아서 합니다

최근 맥도날드는 새 슬로건을 발표했다. 바로 Better World, Better McDonald's(세상에 좋은 일이 맥도날드에게도 좋은 일)이다.

"떠밀려서 하는 것, 남들이 하니까 우리도 한다? 그건 아니라고 생각해요. '시켜서 하는 것'이 아니라 '좋아서 하는 것'이 되어야 진심이 담기니까요."

고객이 맥도날드에게 바라는 바도 그것 아닐까? 사회적 책임을 다하는 곳,
직원들도 그 활동을 통해 가치를 찾는 곳, 그래서 더 큰 동기를 부여 받아
행동으로 나서는 자세 말이다.

"최근에 폐플라스틱을 활용해서 아우터를 만들었어요. 블랙야크와
협업했는데, 반응이 참 좋습니다. 앞으로 그런 일을 계속할 겁니다.
지역농가를 위한 활동, 일회용품 없애기, 친환경 매장 만들기 같은 거요.
RMHC에 대한 기부도 꾸준히 확대하고 싶구요. 할 일이 참 많습니다."

고객을 위해 고민하는 사람들

주어진 시간이 끝나갈 무렵 주변을 둘러본다. 책상 하나, 책장 하나가
들어가면 딱 적당한 공간이다. 작고 아담한 대표이사의 방- 매출 1조 원의
대기업 대표이사가 근무하는 곳이라기엔 지나치게 소박하다. 마지막 질문을
던진다. 'Feel Good Moments'를 소중한 기억으로 간직한 고객들에게 하고
싶은 말-

"맥도날드는 고객과 함께 성장했어요. 모두 고객 덕분이지요. 고객과 함께,
고객의 행복한 순간을 만들기 위해 40년, 50년, 100년의 길을 걷겠습니다.
언제나 가까이 있는, 믿을 수 있는 동네 '찐친'과도 같은 그런 브랜드로
오래도록요."

인터뷰 이후 창밖을 바라본다. 종로 거리를 오가는 사람들. 저마다 기억하는
하루의 가치가 무엇일까. 지금도 어딘가에서 누군가 우리들의 행복한 순간을
만들기 위해 고민하고 있다는 생각이 든다. 그 생각만으로도 즐거워지는
하루, 바로 이 순간이다.

'시켜서 하는 것'이 아니라
'좋아서 하는 것'이 되어야
진심이 담기니까요

맥도날드 창업자
레이 크록(Ray Kroc).
1955년 맥도날드를
설립, 글로벌 기업으로
성장시켰다.
© McDonald's Corp.

전 세계 맥도날드 매장을 찾아오는 고객은
하루 약 6,000만 명에 달한다. 전 세계에
근무하는 직원 숫자도 2021년 기준으로
약 20만 5,000명을 넘어선다. 맥도날드의
모든 직원들은 매일 'QSC & V(Quality,
Service, Cleanliness & Value)'에 대한
이야기를 지겨울 정도로 강조해서 듣고
있다. '품질, 서비스, 청결, 가치'로 정리되는
맥도날드의 창업 정신은 68년의 세월이
흐른 지금까지도 가장 중요하게 여기는
정신적 유산이다.

"내가 QSC & V를 언급할 때마다
벽돌을 한 개씩 쌓아 다리를 만들었다면,
대서양도 가로지를 수 있었을 것입니다."
"행운은 땀의 배당금입니다. 땀을 많이
흘릴수록 운이 좋아집니다."
"완벽이란 성취하기 매우 어렵습니다.
하지만 나는 맥도날드에 완벽을 바랍니다."

@ 창업자 '레이 크록'이 남긴 말 중에서

레이 크록과 운명적인 만남

맥도날드의 창업자인 레이 크록(Ray Kroc)은 1902년생
으로 52세가 될 때까지 온갖 물건을 다 팔아야만 했던
평범한 세일즈맨이었다. 그의 인생은 1954년 운명적인
만남 앞에 마주 서게 된다.

어느 날, 밀크 쉐이크를 만들 때 필요한 '멀티 믹서기'를
6대나 주문한 레스토랑이 그의 앞에 나타났다. 믿기지
않았던 레이 크록은 단순한 실수로 여기고 바로 잡아주
기 위해 전화를 걸었다. 그렇게 통화한 곳이 바로 맥도
날드 형제(Dick & Mac McDonald)가 운영하는 레스토
랑 '맥도날드(McDonald's)'였다.*

"우리가 주문을 잘못했다. 멀티 믹서기 6대가 아니라 8대
를 갖다 달라."

놀랍게도 그는 주문을 더 받았다. 다른 매장에는 1~2대만
있어도 충분한데 도대체 얼마나 장사가 잘되는 것일까.
그는 먼길임에도 불구하고 직접 찾아갔다. 그곳은 별천
지였다. 수많은 사람들이 오가는 레스토랑, 그럼에도 단
30초면 버거와 후렌치 후라이, 음료가 제공되었다. 심
지어 드라이브 스루도 차원이 달랐다.
맥도날드의 스피디 시스템은 감동을 주기에 충분했다.
레이 크록은 프랜차이즈 사업을 제안했지만 맥도날드
형제는 그럴 의지가 없었다. 레이 크록은 물러서지 않
았다.

오랜 설득 끝에 간신히 허락을 얻어냈다. 우선 모던하고
미래 지향적인 골든 아치(the Golden Arches) 매장을
지었다. 1955년 4월 15일, 드디어 최초의 맥도날드 프
랜차이즈 매장이 탄생했다. 일리노이 주의 작은 도시에

---

* 맥도날드 형제는 1940년에 레스토랑 'McDonald's Bar-B-Q'를
  오픈했다. 이후 레이 크록을 만나 새로운 길을 걸었다.

햄버거대학(Hamburger University)의 역사를 살펴보는 모습. 맥도날드의 성장은 사람 중심의 경영철학 덕분이었다.
© McDonald's Corp.

맥도날드의 브랜드 철학은
'언제, 어디서나 즐거운 경험을
제공한다'는 데 있다. 누구에게든
행복한 세상을 위해.
© McDonald's Corp.

문을 연 첫 매장은 순식간에 핫플레이스로 등극했다. 그는 매장에 나가서 직접 청소도 하고 음식도 관리하면서 프랜차이즈 사업에 대한 매뉴얼을 정비했다. 맥도날드의 기준도 만들었다. 바로 'QSC & V(품질, 서비스, 청결, 가치)'였다. 레이 크록은 여러 어려움을 이겨내고 성공적인 프랜차이즈 확장을 일궈냈다. 불과 5년 만에 매장 수가 200개에 이르렀다.

그의 성공 비결은 가맹점주의 이익을 최우선으로 삼는 '동반 성장의 원칙' 덕분이다. 원재료 및 부자재 등을 비싸게 파는 다른 프랜차이즈들과 달리, 맥도날드는 세 다리 의자(The Three-Legged Stool) 철학을 강조했다. 프랜차이즈 파트너인 가맹점주와 협력업체, 맥도날드가 세 다리 역할을 해야만 튼튼하게 설 수 있다는 의미다. 이러한 맥도날드의 경영 사례들은 미국 경영학 교과서에도 등장할 만큼 모범적이었다.

"나는 하룻밤 사이에 성공했지만, 30년은 길고 긴 밤이었습니다."

"당신이 부자일 때 원칙을 갖기는 쉽습니다. 중요한 것은 당신이 가난할 때 원칙을 갖는 것입니다."

"다른 사람들이 성공하도록 도울수록 더 많이 성공합니다."

"자신을 위한 사업이지만 혼자서는 아닙니다."

"저는 신, 가족, 맥도날드를 믿습니다. 그리고 사무실에서는 그 순서가 반대입니다."

@ 창업자 '레이 크록'이 남긴 말 중에서

글로벌 기업, 세계화의 상징으로

레이 크록과 맥도날드 형제간에 여러 갈등이 생겼다.
경영철학이나 추구하는 바가 서로 달랐다. 결국 맥도날
드 형제는 270만 달러에 맥도날드 프랜차이즈 체인 운
영권을 넘겨준다. 그 돈은 15년치의 로열티 금액에 해
당했다.

같은 해, 레이 크록은 가맹점주의 교육을 위해 일리노
이 주 엘크 그로브 빌리지(Elk Grove Village) 매장 지하
에 햄버거대학(Hamburger University)을 세웠다. 고객
에게 청결한 음식과 친절한 서비스를 제공하기 위한 의
지였다.

이후, 레이 크록은 미국 전역에 거침없이 매장을 늘려
나갔다. 한 언론은 '콜럼버스는 미국을 발견했고, 제퍼
슨은 미국을 건국했고, 레이 크록은 미국을 맥도날드화
했다'고 평가할 정도. 1967년에는 캐나다의 푸에그토리
코에 매장을 열었다. 최초의 해외 진출이었다. 이후, 네
덜란드와 일본 등 유럽과 아시아 진출에도 성공했다.

맥도날드가 사업 확장만 추구한 것은 아니었다. 1974
년에는 필라델피아에 로날드맥도날드하우스(Ronald
McDonald House)를 개원해 자선 사업도 시작했다.

"우리는 우리에게 많은 것을 주는 무언가를 지역사회에
돌려줄 의무가 있습니다."

"우리 중 누구보다 더 중요한 사람은 없습니다."

"우리 중 누구도 우리 모두만큼 좋은 사람은 없습니다."

@ 창업자 '레이 크록'이 남긴 말 중에서

맥도날드는 단순한 레스토랑을 넘어, 대중문화의 상징
이자 아이콘이 되었다. 세계 각 국가에 진출하면서 세
계화를 상징하는 브랜드로 자리 잡았다.

맥도날드는 2023년
Accelerating the Arches
2.0의 목표 아래 고객
만족을 위해 노력하고 있다.
© McDonald's Corp.

한국맥도날드는 1988년에

맥도날드의 진출 지역은 1980년대 들어서면서 급증했다. 아시아, 유럽, 남아메리카 등 모든 대륙으로 늘어났다. '해가 지지 않는 맥도날드'의 위상을 계속 쌓아갔다.

한편, 한국에도 맥도날드가 진출했다. 서울 올림픽이 개최되었던 1988년 3월의 일이다. 한국맥도날드는 새 문화의 상징과도 같았던 압구정동에 점포를 열면서 엄청난 화제를 모았다. 맥도날드는 그간 한국에서 맛보기 힘들었던 다양한 메뉴와 서비스, 시스템으로 고객들에게 즐거운 경험을 제공했다. 엄마의 손을 잡고 처음으로 접한 버거, 친구들과 함께 했던 생일잔치의 기억, 연인과 함께 설렘을 나누었던 추억의 공간으로 자리매김했다.

1990년대에는 견고하기만 했던 이념의 벽도 무너뜨렸다. 냉전의 시대, 교류조차 어려웠던 공산권 국가 소련과 중국으로 진출한 것이다. 당시 모스크바에 진출한 맥도날드 매장 앞에 수많은 인파가 몰려들었고, 이 모습은 '냉전의 벽을 허문 상징적인 사건'으로 기록되고 있다.

함께 더 나은 내일 그리고 2.0

현재 맥도날드는 전 세계 118개국에 4만 개 이상의 매장을 두고 있다. 세계 프랜차이즈 매장 수 1위이자, 브랜드 가치 순위에서도 세계적인 수준이다. 구글, 애플, 삼성 등 ICT 기업과 어깨를 나란히 하고 있다. 글로벌 기업 맥도날드의 핵심 가치는 '사람 중심, 포용, 정직, 커뮤니티, 패밀리'다. 고객과 직원을 먼저 생각하고, 다양성을 존중한다. 언제나 정직하게 올바른 방식으로 일하며, 지역사회 기여를 통해 더 나은 미래를 개척하고 있다.

2023년 1월, 맥도날드는 '엑셀러레이팅 디 아치스 2.0(Accelerating the Arches 2.0) 성장 계획'을 발표했다. 더 나은 미래, 더 나은 맥도날드가 시작되고 있다.

1955년

맥도날드 프랜차이즈 1호점 오픈

118개국

맥도날드가 있는 나라 (2022년 기준)

40,275개

전 세계 맥도날드 매장 수 (2022년 기준)

6,900만 명

하루에 전 세계 맥도날드 매장을 찾아오는 평균 고객 수 (2022년 기준)

205,000명

전 세계 맥도날드 임직원 수 (가맹점 임직원 포함하면 200만 명 이상, 2021년 기준)

275,000명

2022년 현재까지 햄버거대학을 졸업한 사람 수

Big Mac

음식을 넘어
문화가 된 그 이름- 빅맥

참깨 빵 위에 순쇠고기 패티 두장~

McDonald's Korea 35 Years

한국 국민은 빅맥 '전문가'들이다. 빅맥에
사용되는 재료와 조리 방법까지 다 안다.
'참깨빵 위에 순쇠고기 패티 2장, 특별한
소스, 양상추, 치즈, 피클, 양파까지…' 이런
사례는 매우 드물다. 왜 사람들은 빅맥을
찾고 빅맥송을 흥얼거리는 걸까?
세계적인 석학 제레미 리프킨 Jeremy
Rifkin은 '공통된 경험에 세월의 힘이
더해진 것이 문화'라고 정의했다. 그런
점에서 빅맥은 음식의 차원을 넘어섰다.
누구에게든 처음 빅맥을 접했을 때의 흥분,
부모님과 함께 했던 따뜻한 손길의 경험이
고스란히 남아있기 때문이다.
우리의 공통된 경험, 그 이유로 '빅맥'은
다른 이름으로 치환되어도 상관 없다. 추억,
가족, 그리고 문화라는 이름으로.

@ 문화평론가 김대오

기억에서
전설로-

맥,
그리고

빅맥의
기억

박찬일

요리를 한다.
그리고 글을 쓴다.

버거에는 두 장의 빵 사이에 고기가 끼워져 있다. 그게
핵심이다. 빵에 뭘 끼워먹는 건 샌드위치라는 음식으로
이미 유럽과 미국에서 오랫동안 존재하던 음식이었다.
샌드위치에는 보통은 햄을 끼웠다. 그건 '구운grilled
고기'가 아니었다. 샌드위치는 차가운 음식이었다. 구운
고기, 그러니까 스테이크는 접시에 놓고 소스를 뿌려
먹는 정찬을 의미했다. 아무나 먹을 수 없는 메뉴였다.
빵은 소스와 고기의 즙을 닦아먹는 용도였다. 오랫동안
서구에서 스테이크(소스를 친!)는 꿈의 음식이었다.
흠, 유럽인들은, 미국인들은 마치 우리가 된장국
먹듯이 스테이크를 즐겼을 거라고 생각하기 쉽다.
그러나 실제로는 전혀 달랐다. 그런 미국인에게 그저
빵 사이에 구운 고기가, 그것도 소스까지 발라져서
팔린다는 것은 충격적이었다. 그것도 싼값에 먹을
수 있다는 점에 미국은 더 놀랐다. 그리고 그것이
미국을 바꿨다. 빵도 아니고 스테이크도 아닌, 제3의
음식 버거의 탄생이었을 거다. 버거는 흥미롭게도
미국의 발전과 궤를 같이 한다. 미국인이면 누구나
포드 자동차 한 대쯤 갖게 될 때, 버거가 그들 곁으로
다가왔다. 차를 몰고 나가서 노란 아치가 붙어 있는
버거 가게에서 음식을 픽업한다. 그게 바로 미국의
에너지를 상징하게 됐다. 맥 그리고 빅맥!

한국인에게도 빵 사이에 고기가 들어 있다는 건 놀라운
일이었다. 고작해야 '사라다빵'과 딸기잼이나 땅콩잼을
바른 식빵이 세련된 빵이었던 1970-80년대에는 더욱
그랬다. 아아. 어둠으로 시작한 그 시대는 텔레비전이
컬러가 되었고, 삶의 색깔이 달라지던 때였다. 사람들은
민주화에 목이 말랐고, 더 나은 삶이란 무엇인지
고민하는 시대이기도 했다. 1980년대 중반이 넘어갈
무렵 사람들은 이제 정치에 대해 목청 높여도 된다는
걸 알았다. 대한민국은 변하고 있었다. 그 시대는

또한 식탁에 올라오는 음식의 변화를 의미하기도
했다. 고기를 더 흔하게 먹을 수 있게 되었다. 여기에
버거는 불(?)을 질렀다. 이렇게도 고기를 먹을 수
있다구. 그렇지만 그것은 고기도, 빵도 아닌 그 이상의
존재였다. 미국의 무엇이었다.
어쩌다 친구들은 부모님과 외식을 나가거나 사주신
버거를 먹고 오면 학교에서 자랑을 했으며, 생생하게
그 식감과 맛을 얘기했다. 버거는 나중에 패스트푸드
왕국 소속이 되는 피자와 함께 우리에겐 거대하고도
미지의 음식으로 다가왔다. 버거는 먹어보기 전에는
알 수 없는 암호 같은 말이었다. 우유 말고도 밀크
쉐이크라는 걸 마신다는 것도 놀라웠다. 나중에
마셔보게 된 밀크 쉐이크는 보글거리는 작은 거품으로
가득 찼고, 감미로웠으며 '미국의 맛'이 났다. 1970년대
텔레비전에서 보던 미국 드라마 같은 맛이었다.
드라마에서 배우들은 청바지를 입고 서서 버거를
먹었다. 서서 먹는다니! 저런 음식을 아무렇지도
않게 서서 먹어치운다니! 우리는 서부극의 총싸움을
흉내낼 수 있었지만 버거를 먹는 모습만은 흉내낼 수

한국인에게 빵 사이에 고기가
들어 있다는 건 놀라운
일이었다. 고작해야 '사라다빵'과
딸기잼이나 땅콩잼을 바른
식빵이 세련된 빵이었던 1970-
80년대에는 더욱 그랬다.
어둠으로 시작한 그 시대는
텔레비전이 컬러가 되었고,
삶의 색깔이 달라지던 때였다.
사람들은 민주화에 목이 말랐고,
더 나은 삶이 무엇인지 고민하는
시대이기도 했다.

없었다. 그건 아주 어려운 일이었다. 실감이 나지 않는
맛이기 때문이었다. 점차 한국에 버거 가게가 생겼고,
미국과 일본의 브랜드가 넘어왔다. 그 전까지 버거는
미군부대와 관광객이 드나드는 고급 호텔에서나 파는
메뉴였으니, 한국의 맛의 세계는 달라지고 있었다.

음식이란 대개 그렇기는 하지만 특히 버거는 더
강렬하게 이미 향으로 압도하는 음식이었다. 버거
가게에서는 우리가 그때까지 음식에서 맡아오던
것과는 다른 냄새가 났다. 그건 은유적으로 보자면
동경과 갈망의 냄새였다. 우리 세대는 부모님과 달리
다른 세상을 살아가게 될 것이라는 암시였다고 나중에
해석할 수 있는. 전후 세대, 베이비붐 세대를 넘어
'X세대' 같은 미지의 암호 같은 세대의 등장을 예고하는
신호탄 같았다. 당시 우리 같은 청소년에게는 버거는
음식 이전의 어떤 상징이었고, 욕망이었다. 버거를
실컷 먹어보고 싶었고, 버거 가게에서 '크루'가 되어

일하는 꿈을 꾸는 애들이 많았다. 크루가 되기 위해 메뉴 이름과 '로저!'를 복창하는 훈련을 받고 온 친구는 마치 우리에게는 마도로스 선원, 멋진 배의 크루 같은 존재로 보였다. 그 친구는 우리가 방과 후에 가게로 우르르 몰려갔을 때 일부러 더 큰 목소리로 "투 버거"와 "로저!"를 외쳤다. 그 친구의 상기된 표정은 지금도 잊히지 않는다. 흔히 햄버거라고 불렸던 버거에 햄이 들어 있지 않다는 것을 알게 된 것은 훨씬 전이었지만 버거에서는 불고기와는 다른 냄새가 난다는 것을 알게 된 즈음이었다. 기름기가 가볍게 도는 폭신한 갈색의 빵, 짙은 색의 소스가 뿌려진 구운 고기, 아삭한 토마토. 입에 넣으면 고기는 부드럽게 부서졌고, 빵의 입자는 입안을 가득 채우면서 흩어졌다. 목이 살짝 뻑뻑하면 밀크 쉐이크를 마시는 것이 포인트였다. 키 큰 미국인처럼 종이 포장지 밖으로 나란히 줄을 서는 감자튀김은 황금빛으로 빛났고, 이미 고여있는 침에 씹을 새도 없이 넘어갔다. 케찹은 감자튀김을 위해 태어난 소스였다. 우리는 자꾸 카운터에 가서 케찹을 받아왔다. 몇 번이고 들락거려 케찹을 요구해도 크루는 웃는다는 걸 알아챈 아이도 있었다. 웃는다구! 귀찮아하지도 않고 말이야! 짜장면과 라면, 만두를 누가 많이 먹나 내기를 했는데, 버거로 그것을 하기에는 너무 비쌌다. 버거가 짜장면 가격이 된 것은 대략 2000년대가 다 되어서의 이야기다.

압구정은 옛날과 다른 동네가
되었다. 버거 하우스는 많지만
그 시절의 맥이 없기 때문일까.
사람들도 과거처럼 몰려오지
않는다. 메모판은 사라졌고,
핸드폰을 든 이들 누구도
사람을 기다리지 않는다. 우리의
기억에는 아직 그 맥이, 빅맥과
밀크 쉐이크가 남아 있다. 그건
맥도날드가 준 관계의 기억이다.

맥도날드가 압구정동에 생겼다. 1988년의 일이다.
이미 미국과 일본의 여러 브랜드가 상륙했다가 대개는
실패한 후의 일이다. 미국의 대표 브랜드치고는
상당히 늦게 한국에 온 셈이었다. 맥도날드 압구정점은
금세 성지가 됐다. 그때 신문은 대문짝만하게 기사를
썼고, 철수할 때도 빅뉴스가 되었다. 압구정동은 유하
시인의 시처럼 '바람부는 날'에만 가는 곳이 아니라
젊은이들이 1년 내내 가는 곳이 되었다. 2층짜리
맥도날드 건물은 노란 상징물과 간판으로 도도하게
서 있었다. 사람들은 마치 오래 전부터 그랬던 것처럼
'압구정 맥도날드' 앞에서 만났다. 핸드폰이 없던
때였다. 건물 밖에 붙은 메모판에 빼곡하게 종이
메시지를 남겼다.
"OO아! 호화반점이나 노바다야키로 간다. 얼른 와!"
버거를 먹지 않아도 그 건물 앞에 갔다. 압구정의
상징이었다. 사람들은 더 줄여서 말하기 시작했다.
'압구정 맥앞'에서 보자고 했다. 만나기로 한 애인은
삐삐를 쳐도 답하지 않고, 그렇게 바람을 맞기도 했을
것이다. 그래도 압구정 맥앞에서, 또는 그 건물의 2층
탁자에서 사람들을 만났다. 버거가 담긴 트레이를
들고서. 맥은 압구정동에 있었고, 놀랍게도 거짓말처럼
사라졌다. 태초의 버거가 한국인들에게 현실적인
음식이 아니었던 것처럼. 압구정 맥은 철수함으로써
다시 비현실적인 기억에서만 존재한다.
유턴한 이민자들과 유학생들이 몰려오던 '압구정
맥'은 점차 더 폭넓게 사람들에게 알려졌다. 맥은
압구정이었고, 압구정은 맥이었다. 두 개를 떨어뜨려서

말하지 않았다. 맥은 지리적 거점이었다. 사람들은 맥 뒤에, 맥에서 두 번째 뒷골목, 맥 옆에라고 말했다. 맥에서 만나서 버거를 먹거나 나가서 차를 마시고 술을 마시러 갔다. 가까운 다른 가게에서 오징어볶음과 짜장면을 먹었다. 맥은 그 일대에 휘발되는 모든 음식 냄새의 플러스 알파였다. 로바다야키의 숯과 삼겹살의 기름진 연기와 향신료 친 쌀국수와 카페의 커피향이 맥의 버거에 뒤섞이면서 압구정동의 고유한 냄새를 만들었다. 오랫동안 다른 곳에 살던 아이들이 압구정동에 오면 그 풍취로 안심했다.

압구정은 골격은 변하지 않았지만 옛날과 다른 동네가 되었다. 버거 하우스는 많지만 그 시절의 맥이 없기 때문일까. 사람들도 과거처럼 몰려오지 않는다. 메모판은 사라졌고, 핸드폰을 든 이들 누구도 사람을 기다리지 않는다. 그렇게 맥은 전설이 되었다고나 할까. 우리의 기억에는 아직 그 맥이, 빅맥과 밀크 쉐이크와 한 번도 먹어보지 못해서 지금도 어떤 음식인지 모르는 '휠레-오-휘시'(그 당시 표기)가 남아 있다. 그건 맥도날드가 준 관계의 기억이다. 안녕! 압구정 맥!

Brand. 01
Big Mac

맥도날드는 글로벌 제품의 품질과 맛 유지를 위해 철저한
검사와 평가를 시행한다. 한국이든 세계 어느 거리에서든,
'빅맥'은 '빅맥'이다. ⓒ McDonald's Corp.

세계가 같은 맛,
같은 빅맥으로
색다른 추억을 쌓는다

한국 빅맥과 미국 빅맥은 똑.같.다.!

"한국에서 먹는 거랑 같은 거 같아요!"

최근 한 유튜버는 뉴욕 맥도날드에서 빅맥을 즐긴 후 이렇게 말했다. 거기에 달린 댓글들.

거짓말 아닌가요?
재료가 다른데 어떻게 맛이 같지?
저 말 사실입니다. 10개 국 이상에서 먹어봤는데, 다 비슷했어요.

어느 곳을 가든 빅맥의 맛은 같다. 빅맥의 맛을 유지하기 위한 노력은 놀랍기만 하다. 맥도날드 최현정 셰프는 이렇게 말한다.

"맥도날드의 핵심 메뉴들은 개발부터 맛의 유지에 이르기까지 거의 모든 단계에 걸쳐 철저히 관리됩니다. 품질센터, 납품업체, 연구시설, 매장 등 곳곳에서 평가가 진행됩니다. 빅맥 등 글로벌 대표 제품들을 무작위로 샘플링해서 홍콩 품질센터로 보냅니다. 그곳에서 맛, 무게, 크기, 성분 등을 측정하고 검사해 글로벌 기준에 부합하는지 확인하고 있습니다."

이러한 철저한 품질 기준은 빅맥에만 국한되지 않는다. 치즈버거, 맥치킨, 후렌치 후라이, 맥너겟 등 전 세계 매장에서 동일하게 판매하는 '코어 메뉴(Core Menu)' 모두가 이에 해당한다.

빅맥은 (경제, 문화, 사회)이다

빅맥은 1967년 피츠버그의 가맹점주인 짐 델리개티(Jim Delligatti)에 의해 태어났다. 더 큰 버거를 원하는 손님들을 위한 고심의 결과였다. 45센트짜리 빅맥은 큰 인기를 끌었다. 맥도날드 본사는 이 같은 인기를 확인한 후, 1968년 2개의 패티, 3개의 번으로 만든 빅맥을 공식 메뉴에 추가했다. 1970~80년대 맥도날드가 전 세계에 진출하면서 빅맥은 맥도날드를 상징하는 아이콘이 되었다.
빅맥이 미친 영향은 그야말로 엄청나다. 음식은 물론 경제, 사회, 문화에도 큰 영향을 미쳤다. 백석대학교 경영학과 김헌 교수의 말이다.

"빅맥은 글로벌 표준이라는 점에 그 가치가 매우 큽니다. 동일한 제품이다 보니, 빅맥지수를 통해 각 나라의 상황과 경제 여건을 비교할 수 있지요. 그뿐만이 아닙니다. 한 사회의 폐쇄성을 확인하는 지표가 되기도 합니다. 1980년대 소련에 진출했던 빅맥을 생각해 보면 그 답이 나오지요."

세계인 모두에게 같은 맛, 같은 경험을 제공하는 빅맥-물론 빅맥에 대한 기억과 추억은 고객마다 다른 소중함으로 남아 있겠지만.

Big Mac

알아두면 쓸모 많은
빅맥 이야기

1967
피츠버그 매장에서
빅맥(Big Mac) 개발

1968
빅맥 공식 메뉴로 출시

1974
'빅맥 챈트송
(Big Mac Chant Song)' 탄생

1986
빅맥 지수(Big Mac Index) 발표

1988
국내 1호점 압구정점 빅맥 판매

2018
빅맥 출시 50주년 기념주화
'맥코인(MacCoin)' 한정 배포

1

짜장면
800원이면,
빅맥은?

맥도날드가 한국으로 처음 진출한
1988년 짜장면 한 그릇 가격은 800원.
라면은 한 봉지 300원이었다. 빅맥의
최초 가격은 단품 2,400원으로 짜장면
세 그릇 값이었다. 세트는 3,700원.

2

빅맥이 화폐로
거래된다고?

빅맥 출시 50주년인 2018년 한정판
기념주화인 맥코인이 출시되었다. 수량은
6,200만 개. 맥코인은 '빅맥 단품 1개로 교환'이
가능한 글로벌 전용 화폐 기능을 했다. 한국에는
5종류 중 4종이 출시되었는데, 이 코인을 얻기
위해 이른바 '직구' 열풍까지 불었다.

3

3개의 번에는
이름이 있다

빅맥의 트레이드마크인 '3장의 빵(Bun)',
그 빵에도 모두 이름이 존재한다. 빅맥의
가장 윗부분의 빵은 '크라운(Crown)',
중간 빵은 '클럽(Club)', 마지막 빵은
'힐(Heel)'이라고 불린다.

4

빅맥지수?
버거노믹스?

이코노미스트(The Economist)가 1986년 버거로 경제를 설명하면서 도입한 지표가 '빅맥 지수(Big Mac Index)'. 환율을 기준으로 각국의 물가와 통화 가치를 비교했다. 빅맥 가격을 기준으로 삼았기에 '버거노믹스(Burgernomics)'로 불리기도 했다.

1,950만 원의
소스

빅맥 맛의 비결은 바로 소스. 아직도 그 비법은 철저한 비공개다. 이 소스를 별도로 판매한 적이 있다. 호주 경매 때 판매된 소스 한 병의 가격은 1만 9,000달러. 우리 돈으로 1,950만 원이다.

19,000$

세계적인 관광 코스,
빅맥 뮤지엄

2007년 미국 펜실베이니아주에 '빅맥 박물관(Big Mac Museum)'이 문을 열었다. 이곳에는 세계에서 가장 큰 빅맥 조형물이 전시되어 있으며, 개발 과정 및 역사 등을 전시한다.

글로벌
코어 제품

빅맥(Big Mac), 쿼터파운더 치즈(Quarter Pounder with Cheese), 맥치킨(McChicken), 맥너겟(McNuggets), 후렌치 후라이 등이다.

맥너겟에도 모양마다
별명이 있다

코어 메뉴 중의 하나인 맥너겟은 마치 무작위로 만든 것처럼 보이지만 아이코닉(Iconic)한 4가지 모양이 존재한다. 고객들은 '볼(Ball), 벨(Bell), 부츠(Boot), 본(Bone)'이라는 별명으로 부르고 있다.

BONE BOOT

BELL BALL

Taste of Korea

한국의 맛, 공감의 맛

McDonald's Korea 35 Years

한국에서 이걸 안 먹어봤어? 그럼 한국에 간 게 아니지!

since 1997
불고기 버거

한국 최초의 로컬
메뉴. 두툼한 패티에
한국인의 입맛에 딱
맞는 소스를 재워 큰
인기를 모았다. 더블
불고기 버거 등 후속
메뉴도 많이 탄생했다.

상하이에선 안팔아요~

since 2003
맥스파이시
상하이 버거

출시 때의 이름은
상하이 스파이스
치킨버거였다.
한국인이 좋아하는
매콤한 맛으로 인해
어느 시기든 베스트
메뉴 TOP 3 안에
포함된다. 2000년대
판매 1위 메뉴.

바다를 탈출한 새우가 쏘~~~옥~~~

since 2016
슈슈 버거 &
슈비 버거

2005년에 한정 메뉴로
출시되었다가 고객들의
요청에 의해 고정
메뉴로 등재되었다.
통새우가 들어간
제품으로 식감과 맛의
차별화로 고객들의
호응을 얻었다.

since 2022
맥크리스피

맥크리스피 클래식
버거와 맥크리스피
디럭스 버거 등 두
종이 있다. 독특한
스모키 소스의 맛과
겉은 바삭하고, 속은
촉촉한 맛으로 인기를
얻고 있다.

마늘과 패티가 만나~ 와! 입 안 가득 한국의 맛!

since 2021
창녕 갈릭 버거

명품으로 알려진 창녕의
햇마늘 6쪽이 들어
있다. 마늘 소스 덕분에
한국의 맛을 느끼게
한다. 맥도날드의
'한국의 맛 Taste of
Korea' 제1호 메뉴다.

누가 먹은 토옥, 한국의 맛이로구나~

since 2022
보성녹돈 버거

'한국의 맛 Taste of
Korea' 캠페인 2호
메뉴. 보성 녹차로
키운 돼지고기 패티와
이에 어울리는 적양파,
토마토, 양배추가
들어갔다. 양배추를
사용한 최초의
맥도날드 버거.

한국식 버거. 쉽게 어울리지 않는 단어
조합이다. 그런데 '한국식' 대신 '불고기'라는
단어를 넣는다면? 누구도 이 단어가 어울리지
않는다고는 말하지 않을 것이다.
이제 버거는 우리 식문화의 한 자리를 넘어
중요한 메뉴로 자리잡았다.
실제로 세계 소셜미디어에는 불고기 버거,
맥스파이시 상하이 버거 등 한국맥도날드에서만
맛볼 수 있는 필수템 리스트가 공유되고
있다. 어디 그뿐인가, 한국인이 만든 한국의
입맛이 미국, 이탈리아, 일본, 대만, 홍콩 등
세계 각국으로 수출되고 있다. 한 외국 기자의
기사처럼 한국인의 입맛을 넘어 세계와 공감할
수 있는 맛이 된 것이다.

The McDonald's bulgogi burger is a perfect example of
how the chain has adapted the menu to win over locals -
and a pretty tasty example at that.

불고기 버거는 맥도날드가 현지의 입맛을 위해 어떻게 메뉴를 개발했는지 보여주는
완벽한 사례다. 또한 그 맛도 매우 훌륭하다.

Feb 19, 2020, INSIDER

세계가

한국의
버거를

찾습니다

최현정

한국맥도날드
총괄 셰프

세계 속으로, 고객의 가슴 속으로

한 달에 한 번 글로벌 맥도날드에서는 특별한 회의가 열린다. 글로벌 푸드 포럼이 바로 그것. 각 대륙을 대표하는 메뉴 리프레젠터들이 머리를 맞대고 신제품과 맛의 트렌드에 대해 이야기를 나눈다. 맥도날드의 맛을 책임지는 이 자리, 아시아 대표 메뉴 리프레젠터는 놀랍게도 한국인이다. 최현정 한국맥도날드 총괄 셰프가 바로 그 주인공이다. 그는 맥도날드 아시아비즈니스유닛의 리더로도 활동하고 있다.

"한국 고객들은 특히 새로운 버거에 관심이 많습니다. 비빔밥을 예로 들 수 있을 것 같아요. 아무리 자주 먹어도 비빔밥은 물리지 않는 그리운 맛입니다. 마찬가지로 버거를 주식으로 삼았던 서양에서는 빅맥 등 코어 제품에 대한 수요가 크지만 한국인들은 새로운 버거를 늘 기대하지요. 우리가 로컬 메뉴 개발에 전력을 다하는 이유입니다."

우리 국민들에게는 잘 알려지지 않았지만, 한국맥도날드의 제품 개발 역량은 세계 최고 수준이다. 최 셰프가 만든 1955 버거 파이어 버전은 이탈리아 맥도날드로 레시피가 수출되었다. 앵그리버드 버거 핫소스 레시피, 맥도날드 츄러스 등도 홍콩과 스페인에서 출시되는 등 한국의 레시피가 세계 각 지역의 고객들에게도 인기를 얻고 있다.

"로컬 메뉴 가운데 성공을 거둔 제품들은 각 해외 매장으로 레시피가 공유되죠. 한국맥도날드의 경우 과거에는 주로 레시피를 '받는' 입장이었다면, 최근에는 수출되는 메뉴도 많습니다. 우리가 신제품을 개발하면, 인도네시아, 홍콩, 태국, 일본 등 각국의 맥도날드에서 문의가 옵니다. 제품 콘셉트를 묻거나, 소스 개발 등에 대한 조언을 구합니다. 맥도날드 글로벌 본사의 고위 인사들이 방문해도 마찬가지입니다. 한국에 오면, 신제품을 맛보고 극찬하시곤 합니다. 심지어 '왜 이런 제품을 다른 나라에 출시하지 않는지' 묻는 경우가 많아요."

고민하고, 검토하고, 다시 고민하고

최현정 셰프가 입사한 2014년부터 2022년까지 출시된 로컬 제품 수는 225종에 달한다.(버거, 사이드 메뉴, 음료, 아침 메뉴 및 리뉴얼 제품 포함) 그렇다고 해서 신제품 개발이 쉬운 것도 아니다. 콘셉트부터 원재료 선정, 연구개발, 리뷰, 출시까지 수많은 단계를 거쳐야 한다. 하나의 버거를 출시하기까지 1년이라는 시간이 걸린다.

"가장 중요한 점은 원재료 수급입니다. 우리가 제품을 출시하게 되면 엄청난 양의 원재료가 필요합니다. 아무리 맛이 좋아도 그 원재료를 수급할 수 있는지, 그 원재료를 가공할 협력업체가 있는지, 가공시설은 우리가 원하는 기준에 부합하는지, 그 모든 것이 가능해야 합니다. 우리가 출시하는 시점이 제철에 생산되는 원재료인지도 확인해야 하구요. 결국 아무리 아이디어가 좋다고 해도 제품화되기까지는 바늘구멍 같은 제약 조건을 통과해야 합니다."

원재료 수급의 관문을 넘어서면 그때부터 연구가 시작된다. 그 단계는 매우 복잡하면서도 체계적이다. MMC(Menu Management Community)가 조직된 후, 워크숍, 소비자 반응 조사, 협력업체 매니지먼트 등 수많은 과정을 거친 다음에야 제품이 출시된다. "우리 입에 가장 먼저 닿는 것은 번입니다. 버거 안

맥도날드의 꿈은 누구에게나
즐거운 경험, 행복한 맛을
제공하는 겁니다. 우리가
추구하는 것은 가장
익숙하면서도 보편적인 좋은
재료에 새로운 맛을 더하는 거죠.
그 맛을 위해 더 좋은 재료를
찾고, 거기에 맞는 번과 소스를
개발해서 고객에게 즐거운
경험을 제공하는 것- 그것이
우리의 소명입니다.

재료와 조화되는 식감과 풍미를 갖고 있지 않으면 실패하고
맙니다. 패티와 채소의 중요성은 더 말할 필요도 없구요. 소스도
마찬가지죠. 저는 소스를 액세서리라고 표현합니다. 마지막을
장식하는 끝맛이기 때문이죠. 결국 모든 것이 조화될 때 맛있는
버거가 완성됩니다."

제품 개발부터 출시에 이르기까지는 고민과 고난의 연속이다.
콘셉트에 맞는 원재료, 그리고 모든 사람들이 좋아하되 특성이
살아있는 맛. 그래서 제품 개발 때에는, 콘셉트 구현 방법만
생각한다. 슈비 버거 개발 때의 일이다.

"애니메이션 <미니언즈>를 소재로 제품을 개발하기로 했습니다.
아무리 생각해도 버거와의 연결고리가 보이지 않았습니다.
막막하기만 했는데, 문득 애니메이션 주인공들이 바다에서 육지로
오르는 장면이 떠올랐습니다. 갑자기 번쩍하는 생각에 바다의
'새우'와 육지의 '쇠고기 패티'를 버거 하나에 담아보면 어떨까 하는
생각이 들었어요. 처음에는 생각처럼 잘 어울리는 조합이 아니었죠.
이를 해결하기 위해 두 재료의 맛을 절묘하게 섞는 소스를
개발했습니다."

슈비 버거는 출시 직후 큰 반향을 일으켰고, 지금도 인기를 끄는
대표 버거 가운데 하나로 자리잡았다.

한국의 맛에 진심과 정성을 담다
맥도날드의 로컬 제품은 세계에서는 물론, 한국 고객들에게도
큰 반향을 일으켰다. 대표적인 것이 '한국의 맛 Taste of Korea'
캠페인이다. 1호로 출시된 창녕 갈릭 버거는 첫 해에 2초에 1개꼴로
팔렸으며, 이후 2년간 300만 개 이상의 판매량을 기록했다. 일시
품절 사태가 벌어지기도 했다.

"우리 국민들은 한국산 식자재에 대한 자긍심이 매우 높습니다.
'한국의 맛 Taste of Korea' 캠페인은 국민에게는 우수한 품질의

버거를, 지역 농민들에게는 매출 상승과 홍보 효과를 드리기 위해 기획되었죠.
사실 한국의 맛이라고 하면, 대부분 고추장소스나 불고기를 떠올려요. 하지만 그건
외국인들에게 해당되고 한국인에게는 오히려 식상하죠. 평소 좋아하는 식재료인
마늘, 그중에서도 국산 마늘 중 덜 알려진 지역산이면서 아린 맛이 덜하고 아삭한
식감이 있는 창녕 마늘을 당시 콘셉트로 삼았습니다.

처음에는 반대도 많았다. 아린 맛과 강한 향이 버거와 조화되지 않을 거란 의견,
마늘은 호불호가 극명하다는 의견 등이었다. 심지어 몇 개의 마늘을 넣어야
하는지도 고민거리였다.

"맥도날드는 제품을 만들 때 진심을 담습니다. 건강에 좋은 마늘을 원재료로
삼았다고 하면서, 1-2개만 양념처럼 넣으면 안 되는 거죠. 여러 시도 끝에 마늘의
진액과 매운맛을 없애고 알싸한 느낌이 들 정도로 배합했어요. 누가 드셔도
속쓰림이 없도록 한 겁니다. 마늘은 6쪽을 넣었고, 마요네즈도 마늘을 넣어
특화시켰습니다."

보성녹돈 버거도 마찬가지였다. 녹차를 먹고 자란 고품질의 국내산 돈육을 사용해
한국의 특성을 가미했다.
이처럼 한국맥도날드에서는 그 어느 곳보다 신제품 연구와 출시가 활발하게
이루어진다. 맥도날드가 추구하는 이러한 활동에는 어떤 의미가 있을까?
맥도날드의 제품 철학을 어떻게 설명할 수 있을까?

"맥도날드의 꿈은 언제, 어디서든, 그리고 누구에게나 즐거운 경험, 행복한 맛을
제공한다는 것입니다. 이것을 한 단어로 정리하면 보편성, 즉 익숙함입니다. 그러나
고객들은 늘 새로운 맛을 원합니다. 결국 우리가 추구하는 것은 가장 익숙하면서도
보편적인 좋은 재료에 새로운 맛을 더하는 겁니다. 그 맛을 위해 더 좋은 원재료를
찾고, 거기에 맞는 번과 소스를 개발해서 고객에게 즐거운 경험을 제공하는 것-
그것이 우리의 소명입니다."

그가 만드는 음식에는 더 이상 '로컬'이란 말을 붙이면 안 될 것 같다는 생각이
들었다. 그가 만드는 것은 세계인 모두를 위한 '즐거운 맛'이기 때문이다.

"한국의 맛 Taste of Korea' 시리즈는 지역 농가와의 상생으로 탄생한 제품이라는 데 의의가 있다. 사진은 2022년 7월에 열린 '보성녹돈 버거 페스티벌' ⓒ 한국맥도날드

한국의 로컬 메뉴에 담긴
몇 가지 키워드

이 버거가 한국에서만 판매된다고?
2022년 8월, 한 일본방송에 소개된 내용이다.

한국에 가면 꼭 맥도날드에 가 보세요.
그리고 반드시 불고기 버거를 주문해 보세요.
한국의 맛을 더한 색다른 버거를 맛볼 수 있습니다.

한국에서만 먹을 수 있는 맥도날드 버거가 있다. 이른바 한국의 로컬 제품이다. 그 시작은 1997년 불고기 버거로부터 시작된다. 우리가 쉽게 즐겼던 버거들 중 상당수가 한국의 로컬 메뉴들이다. 불고기 버거, 맥스파이시 상하이 버거, 슈슈 버거, 슈비 버거, 맥크리스피 디럭스 버거 등 고객들의 사랑을 받은 제품 중 상당수가 자체 개발된 메뉴들이다.
이러한 로컬 메뉴 수는 얼마나 될까? 버거만 따졌을 때 무려 115종에 달한다. (2022년까지 누적 기준)

바다를 건넌 한국맥도날드
더더욱 놀라운 사실 하나! 바로 한국에서 만든 버거와 레시피들이 해외로 수출된다는 점이다. 버거는 물론이고, 각종 소스와 제품 콘셉트에 이르기까지. 더 이상 '한국인만의 맛'이 아니라 '세계가 기대하는 한국의 맛'이 된 셈이다. 몇 가지 사례만 들어보자.

대만 _ 불고기 버거, 신불고기 버거 레시피 수출
이탈리아 _ 1955 버거 파이어 버전 레시피 수출
홍콩 _ 앵그리 버드 버거 핫소스 레시피 수출
스페인 _ 맥도날드 츄러스 수출

우리의 로컬 제품은 세계인에게도 맛과 영양 측면에서 인정을 받고 있다.
실제로 '2018 평창 동계올림픽대회' 당시 선수촌 매장의 주문 데이터를 분
석한 결과는 매우 흥미롭다. '빅맥'이 가장 인기를 모았고, 2위는 바로 맥스
파이시 치킨버거(맥스파이시 상하이 버거)였다. 매콤한 치킨 패티 맛이 외
국 선수들에게도 좋은 반응을 얻은 것이다.

Taste of Korea, 상생을 더하다

의미가 큰 로컬 제품도 많다. 대표적인 것이 창녕 갈릭 버거, 보성녹돈 버거 등
으로 대표되는 '한국의 맛 Taste of Korea' 캠페인이다.

우리의 입맛에 맞는 버거를 만든다는 차원을 넘어 지역 상생과 한국 농가에
대한 지원의 의미가 내포되어 있기 때문. 창녕 갈릭 버거를 개발할 당시의 일
이다. 당시 맥도날드에서는 '찐' 마늘의 맛을 더하고 싶어 했다. 그러기 위해서
는 원재료가 중요했다. 그때 맥도날드가 테스트한 마늘 종류만 수십 종에 달
한다. 창녕 마늘을 선택한 뒤에도 어려움이 따랐다. 마늘이 주는 아린 맛을 빼
내고 버거와 자연스럽게 조화를 이루는 특색있는 버거로 탄생할 수 있도록 그
조리법을 찾아가는 과정이 쉽지 않았던 것. 협력업체를 찾고 유관 부서를 설
득하는 과정도 쉽지 않았다고 한다.

난관을 뚫고 출시된 이 버거는 지역 경제 활성화에 기여했다는 평가를 받고
있다. 창녕 마늘과 보성 녹돈에 대한 홍보 효과도 엄청나다고 한다.

맥도날드의 로컬 제품에는 이처럼 숨겨진 의미가 많다. 고객의 경험, 한국의
맛, 거기에 상생의 의미까지.

한국의 특산 식자재로 만든 '창녕
갈릭 버거'. 이 제품은 출시와
함께 큰 인기를 모아 지역경제
활성화에도 크게 기여했다.
ⓒ 한국맥도날드

Taste of Korea

알아두면 쓸모많은
자랑스런
로컬 메뉴 이야기

1997

최초 로컬 메뉴,
불고기 버거 탄생

2002

김치버거, 대만 수출

2003

상하이 스파이스 치킨버거 출시

2016

새우 기반의 슈슈 버거,
슈비 버거 탄생

2021

'한국의 맛 Taste of Korea' 캠페인 시작
창녕 갈릭 버거 출시

2022

보성녹돈 버거 출시
맥크리스피 클래식 버거
맥크리스피 디럭스 버거 출시

1

WORLDWIDE FAVORITES SALTED CARAMEL WAFFLE CONE

한국의 디저트, 글로벌 인기메뉴로!

미국 시카고. 맥도날드 글로벌 본사 1층 매장에는 독특한 코너가 있다. 바로 글로벌 인기 메뉴(Worldwide Favorites)! 2019년 7월, 한국의 로컬 메뉴 '솔티드 카라멜 와플콘'이 신규 메뉴로 등극했다. 1등급 원유로 만든 신선한 아이스크림에 달콤하고 짭조름한 솔티드 카라멜을 입힌 '단짠'의 맛이다.

2

한국이 만든 로컬 버거 숫자는?

한국 최초의 로컬 버거는 불고기 버거로 1997년에 출시되었다. 이후 수많은 로컬 버거를 개발해, 한국에서만 맛볼 수 있는 메뉴는 엄청나다. 이러한 로컬 메뉴 수는 얼마나 될까? 1997년부터 2022년까지 그 수는 무려 115종에 달한다.

115종

3

하나의 로컬 버거가 탄생하기까지?

약 9개월에서 1년의 시간이 소요된다. 제품을 기획한 후, 원재료 선정, 원재료 가공공장 점검, 패티 및 소스 개발, 고객 리서치 등 오랜 시간이 필요하다. 그동안 버거 종류만 115종을 만들었으니, 약 100년의 시간이 소요된 셈이다.

100년

4

50개 마켓에서 불티! BTS 세트에도 한국이!

2021년 전 세계 맥도날드에 출시된 'The BTS 세트' 판매 시작과 동시에 품절되었고, 이 제품이 판매되지 않은 나라 고객들의 항의가 빗발쳤다. 이 세트의 포장지는 나라마다 차이가 있었는데, 미국에는 BTS 팬클럽의 상징 컬러인 보라색 너겟 패키지와 전용 종이봉투가 없었다. 그래서 항의가 이어졌다고. 게다가 전 세계 크루들은 모두 한글 자음 'ㅂㅌㅅㄴㄷ ㅁㄷㄴㄷ(방탄소년단 맥도날드)'가 적힌 티셔츠를 입고 근무했다. 이 제품의 스위트 칠리, 케이준 소스 레시피는 모두 한국맥도날드가 개발한 것이다.

메뉴는 물론, 로컬 시스템도 수출된다?

2010년 대구 시지점에서 음료 서비스 시스템 '통합 베버리지 셀(Combined Beverage Cell)'을 세계 최초로 개발했다. 카운터, 드라이브 스루, 맥딜리버리 등 주문 형태가 다각화되면서 음료 제공을 빠르게, 편리하게 만든 시스템이다. 중동을 비롯한 많은 나라가 이 시스템을 도입해 사용하고 있다.

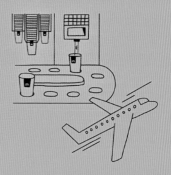

6

맥도날드는 번도 다르다.

맥도날드는 버거에 사용되는 번에도 정성을 다한다. 2006년 독일 월드컵 기간에는 축구공 모양의 월드컵 사커번(Soccer Bun)을, 2015년에는 치킨 버거에 어울리는 '브리오쉬 번'을 국내에 처음으로 소개했다. 2022년에도 부드러우면서도 쫄깃한 식감을 주는 '포테이토 브리오쉬 번'을 선보였다.

SOCCER BUN

BRIOCHE BUN

POTATO BRIOCHE BUN

판매 1위는 로컬 버거

35년 역사에서 가장 많이 판매된 버거는 무엇일까? 시대별로 변하기는 했지만 바로 로컬 버거들이다.

시대별 버거판매량

구분	1위	2위	3위
1990년대	불고기 버거	빅맥	치즈버거
2000년대	불고기 버거	빅맥	상하이 버거
2010년대	상하이 버거	빅맥	불고기 버거
2020년대	빅맥	상하이 버거	불고기 버거

McCafé

매일 마시는 커피-
더 맛있게, 더 가까이

재즈 음악이 있는 창가, 가방을 놓고
키오스크 앞에 선다. 품질 좋은 커피 콩을
사용한다는데 다른 브랜드 보다 훨씬 착한
가격이다. 여기는 라떼 맛집, 맥카페. 라떼 한
잔을 주문한다. 능숙한 크루의 손길. 무균화
처리된 최고급 원유를 따르고, 커피 콩을
확인한다. 100% 친환경 아라비카 원두다.
커피 머신이 작동하면 머그 잔 위로 커피가
흘러내린다. 커피 콩 사이로 스며들어
흐르는 물은 7차례나 걸러진 정수라고 한다.
커피를 들고 창가로 돌아온다. 매장으로
하나 둘 찾아드는 사람들, 이야기 꽃이
피어난다. 아침 나절의 맥카페, 커피 향이
부드럽다.

@ 영화배우 박철민

McCafé

매장용

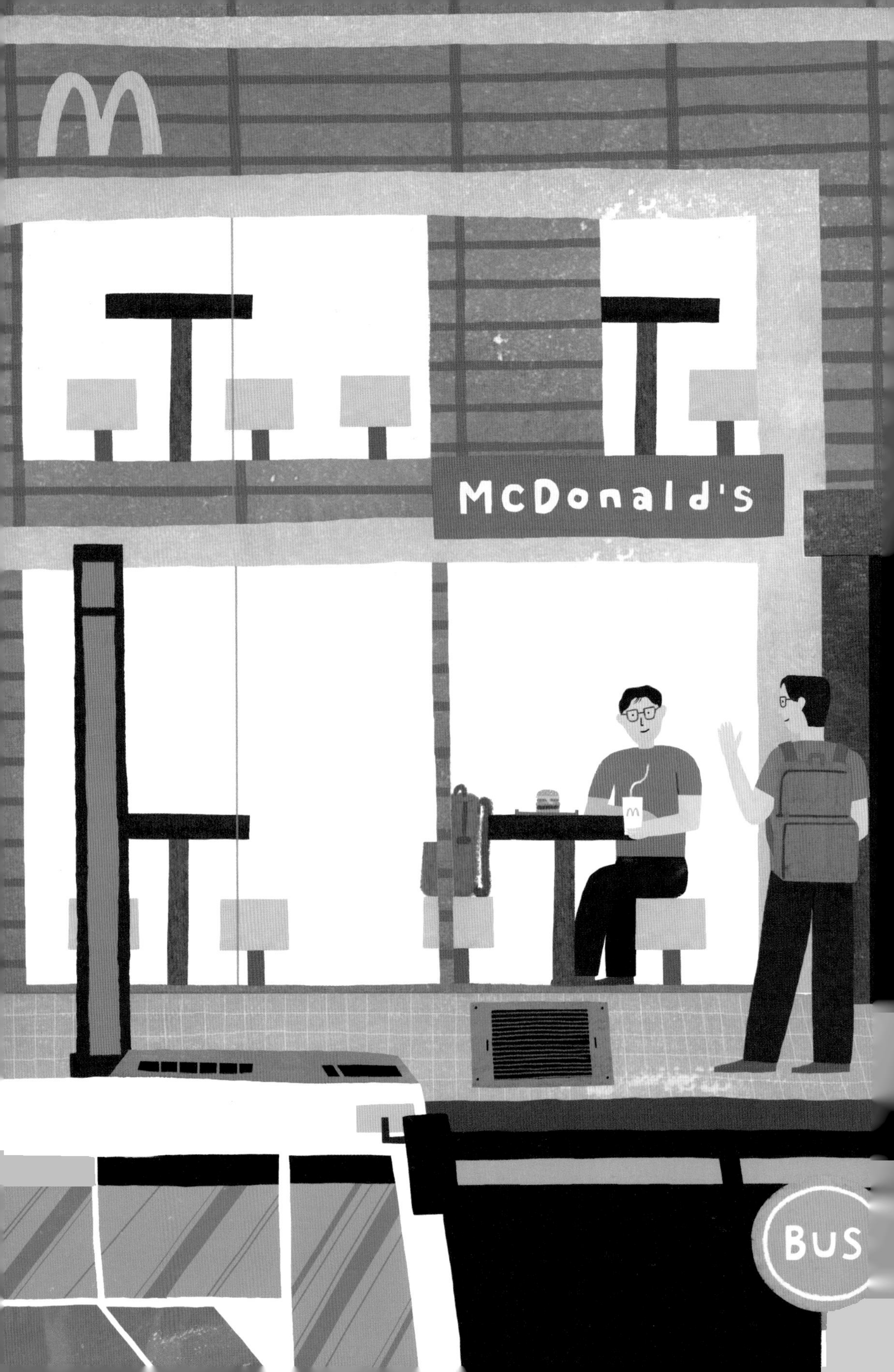
McDonald's
BUS

버스정류장
옆
맥카페

김갑용

소설을 쓴다.
그리고 강의를 한다.

이제는 수년이 지난 여름밤에 나는 부산 기장군의
맥도날드 DT점 옆의 버스정류장에서 서울로 돌아가는
시외버스를 기다리고 있었다. 매우 고단한 날이었던
것으로 기억한다. 그때는 고단하지 않았던 날이
드물었다. 소설가로 등단했지만 벌이가 변변찮아
대학교 조교로 일하면서 과외를 병행하느라 퇴근 뒤면
학생들이 사는 곳 여기 저기를 떠돌았다. 서울로부터
한참 아래 기장군에 살던 학생과는 평소 전화와
이메일로 과외를 하다가 방학이면 격주에 한 번 학생의
집까지 내려가 가르쳤다. 해 뜰 참에 시외버스를
타고 점심에야 내려 오후 늦게까지 학생을 가르치고
맥도날드 옆 정류장에서 돌아가는 버스를 기다리다
보면 어느새 해 질 녘이 지나 밤하늘에 별이 수 놓였다.
서울에서 볼 수 없는 아름다운 밤하늘이었다.
지금은 어떨지 모르나 당시만 해도 버스정류장 주변은
휑하였다. 맥도날드에도 드라이브 스루를 이용하는
차들이 오갈 뿐 머무는 손님이 많지는 않았다.
근방에는 바닷가가 있고 나무들이 우거져 있었다.
여름에 쉬러 오기 참 좋아 보였다. 나는 버스정류장의
칠이 벗겨진 의자에 다소 지친 기색으로 앉아 사늘한
바닷바람을 맞으며, 뒤늦게 찾아온 심신의 평온에 몸을
내맡기고는 했다. 별 많은 밤하늘 아래서 한편으로
나는 정처 없이 떠도는 나그네가 된 것처럼 쓸쓸함을
감출 수가 없었다. 어둠이 드리운 버스정류장 옆에는
에드워드 호퍼의 그림 <밤을 지새우는 사람들>의
간이식당처럼 따뜻한 빛을 발하는 맥도날드가 있었다.
종종 바람이 추우면 나는 빛을 따라가 맥도날드에서
몸을 녹였다.
김이 솟는 카페라떼 한 잔. 빈속에 에스프레소나
아메리카노는 부담스럽고 하루 내내 말을 너무
많이 하고 나면 식사보다는 긴장이 풀리는 따뜻한
카페라떼 한 잔이 더 당기는 법이다. 지금 와서

어둠이 드리운 곳에는 에드워드
호퍼의 그림 <밤을 지새우는
사람들>의 간이식당처럼 따듯한
빛을 발하는 맥도날드가 있었다.
나는 빛을 따라가 맥도날드에서
몸을 녹였다. 김이 솟는 카페라떼
한 잔. 이리저리 떠돌던 시절에
나는 자주 맥도날드에서
아침이나 밤을 맞고 그때마다
카페라떼를 찾았다.

돌이켜보면, 일거리를 찾아 이리저리 떠돌던 시절에
나는 자주 맥도날드에서 아침이나 밤을 맞고 그때마다
카페라떼를 찾았다. 대학교 졸업까지 한 학기를 남긴
시점에 한 잡지사의 인턴으로 취업한 적이 있다.
대학교 캠퍼스의 기숙사에서 생활하던 나는 평일
아침마다 첫차를 타고 서울로 올라가 직장 근처의
맥도날드에서 맥모닝과 함께 따듯한 카페라떼를
마셨다. 아침 빈속에 에스프레소나 아메리카노는
역시 부담스러우니까. 카페라떼를 마시는 동안 나는
본격적인 첫 직장의 긴장을 차분히 녹여내고는 했다.
내게 있어 카페라떼는 휴식과 여유를 상징하고
반면 에스프레소나 아메리카노는 전투 준비에
상응했다. 나는 소설을 쓰기 위해, 혹은 돈을 벌기
위해, 싸워나가기 위해 샷을 추가한 에스프레소와
아메리카노를 위장에 들이부었다. 전투 뒤에 마음의
평온을 가져다줄 여유가 필요해지면 카페라떼를
마셨다. 아무래도 카페라떼를 마시지 않은 날이
마신 날보다 더 많고 최근에 이를수록 더 그렇다. 또
돌이켜보면 다른 커피는 어느 카페든 가리지 않았는데

유독 카페라떼 만큼은 맥도날드가 아니고서는 마신 적이 별로 많지 않다. 나는 이렇게 추측한다. 나의 일자리는 항상 맥도날드 상권에 있었고, 일을 마친 뒤 노곤함을 달래기 위해서 굳이 가보지 않은 카페가 아니라 익숙한 커피 맛을 찾아 맥도날드로 향했던 거라고. 혹은 이렇게 추측한다. 맥도날드는 어디에나 있고 나는 실패하지 않기 위해 맥도날드로 향하는 거라고.

다시 수년 전 여름밤 기장군의 맥도날드로 돌아와, 나는 카페라떼의 고소한 풍미로 하루의 피로를 씻어내며 서울행 시외버스를 기다린다. 에스프레소에 곁들여진 우유는 장이 과민한 내게도 부드럽게 넘어온다. 우유가 곁들여졌지만, 커피 본연의 향과 무게감도 내 속으로 함께 전해진다. 나는 될 수 있는 한 언제나 맥도날드의 창가 자리에 앉아 거리를 지나는 사람과 차, 혹은 멈춘 풍경들을 바라보았고, 기장군의 여름밤에는 검은 하늘에 쏟아지는 밝은 별들을 올려다보았다. 나는 맥도날드 안에 앉아있었음에도 그 시절의 정경은 마치 밖에서 창가의 나를 들여다본 듯 3인칭의 풍경으로 남아 있다.

내가 가르친 학생은 내 모교에 진학해 나의 후배가 되었다. 기장군과 대학교가 거리가 있다 보니 기숙사에 들어갔다고 들었는데 풍경이 멋진 본가를 두고 떠났다니 참 아쉬웠겠다. 나는 여전히 서울에 살고, 글을 쓰고, 여전히 이리저리 오가며 일하고 있다. 기장군까지 내려가 돈을 벌어야 했던 시기보다는 주머니 사정이 나아, 이제는 돈을 벌러 그렇게 멀리까지 가진 않는다. 나는 아직 젊은 소설가이지만 간혹 먼 미래의 노후를 상상하고는 한다. 쓰고 싶은 모든 걸 다 써버린 먼 시점, 서울의 번잡함을 피해 기장군으로 이사해 전원생활을 하는 나를. 한참 먼 그때에도 나는 어두운 밤 불빛이 밝혀진 맥도날드 창가에 앉아 따뜻한 카페라떼를 마시며 밤하늘의 별들을 올려다본다. 그때에도 버스정류장 옆에 맥도날드가 있으리라 당연히 여기면서 말이다.

Happy Meal

가슴 속에 잔잔히 담겨있는
추억 한 조각, 해피밀

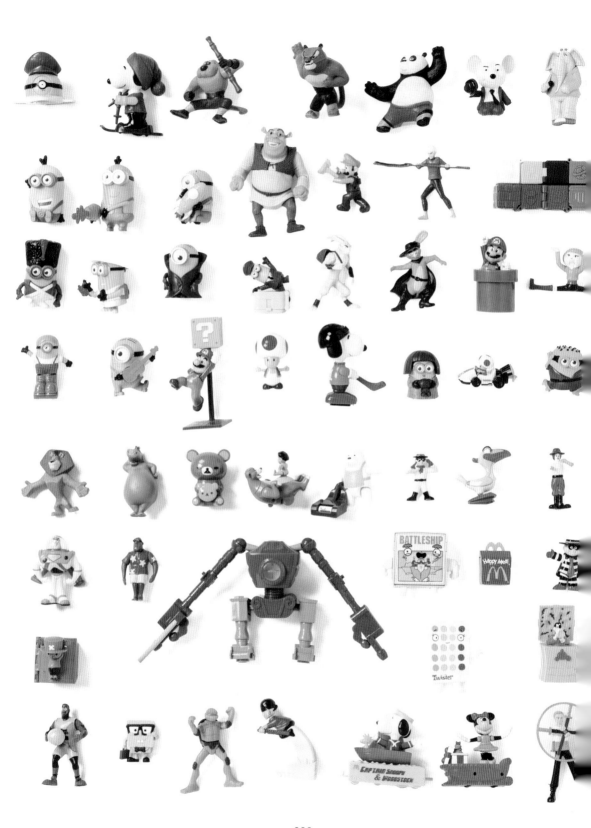

지난 시절을 돌아봅니다. 20-30년 전에는
맥도날드가 키즈카페 역할을 톡톡히 했던 것
같습니다. 엄마들끼리 한 달에 한 번 찾았던
맥도날드. 엄마들은 버거를 즐겼고, 아이들은
장난감을 조립하며 놀곤 했습니다.
돌이켜 보면 '버거를 먹으러 간 건지, 아이들
장난감을 사주러 간 건지' 모르겠지만 그건
중요하지 않았습니다. 세상에서 가장 맛난 버거,
너무 예뻐 아이들의 머리맡에 늘 함께 있었던
장난감, 그 모두가 좋았으니까요.
오랜 만에 박스를 열어봅니다. 이사를 몇 번이나
다녔어도 늘 함께 다녔던 해피밀 장난감들. 서른
살이 넘은 아들이 다가와 함께 추억여행을
떠납니다. 세월이 흘렀어도 아들과 함께 있는
시간은 즐겁기만 합니다.
아들이 장난감 태엽을 감습니다. 지금도 천천히
움직이는 장난감.
어, 어 하며 신기해하는 아들의 손을 꼭
잡아봅니다.

김형화 고객님 사연 @ 한국맥도날드 35주년 기념 고객 추억 공모 이벤트 당선작

시간과 함께
깊어지는 즐거움

해피밀
수집생활

방호열
해피밀 토이 수집가

아름다운 추억이 된
맥도날드가 있는 풍경

자전거를 타고 해안도로를 따라 30~40분쯤 달리면 광안리 바다를 배경으로 맥도날드 단독 건물이 서 있었다. 친구들과 어울려 자전거로 달리던 그 길의 풍경과 바람의 감촉, 멀리 보이던 맥도날드의 산뜻하고 이국적인 외관과 문을 열고 들어설 때 풍기던 버거 냄새, 진열대 안에서 반겨주던 해피밀 장난감까지. 방호열 씨에게 어린 시절 맥도날드는 아름답고 기분 좋은 추억으로 남아 있다.

"친구 집에서 해피밀 장난감을 보고 호기심이 생겼어요. 버거를 먹으면 이렇게 멋진 장난감이 생긴다니! 광안리 해변까지 자전거를 타고 일부러 찾아가서 맥도날드를 보는 순간, 한눈에 반했죠. 지금은 없어졌지만 그때 광안리 맥도날드는 아주 멋진 단독 건물이었거든요. 어린 나이에 문화적 충격으로 느껴질 만큼 맥도날드의 모든 것이 매력적이었어요. 그때가 부산에 편의점도 흔치 않던 1994년, 저는 초등학교 6학년이었죠."

방호열 씨의 해피밀 장난감 수집은 강렬했던 맥도날드와의 첫 만남과 함께 시작되었다. 새로운 해피밀이 나오는 날이면 원하는 장난감이 품절될까 조바심 내며 어서 수업이 끝나기를 기다렸고, 학교에서 광안리까지 가는 짧지 않은 길을 자전거로 달리는 수고도 즐겁기만 했다. 용돈에 맞추느라 세트 중 한두 가지만 고르고 골라 선택했던 그 시절 장난감들은 지금까지도 가장 애착이 가는 수집품으로 남아 있다.

나를 위한 해피밀,
'가족'의 즐거움이 되다

첫 해피밀 장난감을 손에 넣은 이후 그가 사는 세상은 훨씬 넓고 복잡해졌지만, 출시 날에 맞춰 맥도날드로 향할 때의 설렘은 변함없이 그의 가슴을 뛰게 한다.

"군대 갔을 때, 일본에서 유학했을 때를 제외하고는 해피밀이 나오는 날이면 항상 맥도날드에 갔어요. 혹시 품절되어 못 산 것이 있으면 여러 매장을 돌아다니기도 하고, 그래도 구하지 못하면 온라인에서 구매하기도 하죠. 돈을 벌고부터는 첫날에 세트를 한꺼번에 구입하다 보니, 회사에서 '맥도날드 잘 사주는 선배'로 통해요."

한결같던 그의 수집 생활은 결혼하고 두 아이를 키우며 전환점을 맞이했다. 상자 안에 모아 두고 오직 혼자서만 즐기던 해피밀 장난감 일부를 신혼집 벽 한쪽 가득 진열하기 시작한 것이다. 이제 여덟 살이 된 딸과 여섯 살 아들은 아빠의 해피밀 장난감을 평생 보아온 셈이다.

"아이들은 당연히 관심을 보이고 좋아하지만 '아빠 거'라는 것을 알고 있어서 함부로 만지지는 않아요. 그래도 놀고 싶을 때는 장식장 앞에서 한참을 바라보고 있죠. 그럴 때면 하나씩 꺼내서 같이 놀아줘요. 해피밀 장난감은 모션형이 많아서 작동을 시켜야 재미있잖아요. 그래서 요즘은 아예 아이들과 가지고 놀 것까지 두 세트를 구입하죠."

눈을 빛내며 해피밀 장난감을 가지고 노는 아이들을 볼 때면 방호열 씨는 맥도날드에 처음 들어섰던 초등학생 시절 자신을 떠올리곤 한다. 그리고 스스로 감당하기에 충분한 소소한 관심과 비용으로 오랜 시간 자신에게, 또한 아이들에게까지 이토록 큰 즐거움을 준 해피밀 수집생활을 만족스럽게 돌아보며 생각한다. 앞으로도 평생 이 즐거움을 이어가고 싶다고

맥도날드가 좋아서,
맥도숙으로 통한다

'맥도숙'이라는 별칭으로 활동하는 이은숙 씨는 맥도날드 마니아 사이에서 제법 알려진 수집가다. 1995년, 처음으로 또래 친구들끼리 시내에 나갔다가 종로 한복판에서 만난 맥도날드는 단번에 어린 소녀의 마음을 사로잡았다. 맥도날드가 좋아서 해피밀 장난감을 모으기 시작했고, 이후 각종 홍보용 굿즈와 일회용기부터 영수증까지 '맥도날드에 관한 거의 모든 것'을 수집해 왔다. 그중에서도 단연 돋보이는 컬렉션은 영화 <첨밀밀>에서 영감을 받아 수집하기 시작한 트레이맷. 25년 가까이 모아온 트레이맷을 팩트 체크까지 거친 친절한 설명글과 함께 공유하는 인스타그램-맥도숙으로 깊은 공감도 얻고 있다.

"처음엔 혼자 볼 생각으로 수집했는데, 20년 넘게 모으고 보니 예전 수집품을 들춰보는 게 참 재미있더라고요. 그 시절 맥도날드와 저를 함께 추억하게 해주거든요. 이런 즐거움을 같이 나누고 싶다는 생각에 인스타그램에 올리기 시작했어요."

그의 인스타그램은 맥도날드를 좋아하는 사람들끼리 두런두런 추억을 나누는 소셜미디어 사랑방 같은 공간이다. 공들여 사진 찍고 글까지 쓰느라 수집만 할 때보다 두세 배로 품이 들지만, 이제는 관심사를 공유하고 소통하는 것이 수집의 또 다른 즐거움이 되었다.

"수집하는 것도, 수집품을 공유하는 것도 시간과 정성이 필요한 일이지만 좋아하니까 즐겁게 할 수 있어요. 얼마 전에 아들이 자기는 언제 '맥도숙' 같은 두 번째 이름이 생기냐고 묻더라고요. 그 얘기를 듣고, 제 아이도 언젠가 두 번째 이름을 짓고 싶을 만큼 좋아하는 것을 찾으면 좋겠다고 생각했어요."

값이 없어 더욱 가치 있는
트레이맷 컬렉션

약 1,000점에 달하는 이은숙 씨의 맥도날드 수집품 중 트레이맷은 170장이다. 가장 비중이 큰 것은 아니지만 트레이맷을 대표 수집품으로 꼽는 데는 몇 가지 이유가 있다. 첫째는 수집 기간과 컬렉션의 완성도다. 최소 한 달 이상 같은 디자인으로 유지되는 170장의 트레이맷은 이은숙 씨가 수집을 시작한 1997년부터

지금까지 중 분실된 2년 치를 제외한 약 23년간 빠짐없이 모은 것이다. 둘째는 희소성이다. 다른 수집품과 달리 트레이맷에는 거래 시장이 아예 없을 만큼 수집가가 드물어서 매번 직접 방문해서 가져와야 한다. 그렇기 때문에 모든 트레이맷에는 맥도날드를 방문했을 당시의 이야기가 담겨 있고, 이것이 이은숙 씨가 트레이맷 수집에 빠져든 가장 큰 이유이다.

"트레이맷에는 사람들의 이야기가 있어요. 그 시절 새로 출시된 메뉴부터 디자인 스타일, 인기 연예인, 이벤트와 행사 등 맥도날드가 지나온 시간을 모두 확인할 수 있죠. 무엇보다 좋은 것은 맥도날드를 통해 그때의 나를 추억할 수 있다는 거예요."

청소년 시절부터 일곱 살 아들을 둔 엄마가 된 지금까지 그래왔듯, 이은숙 씨는 앞으로도 '맥도날드'를 먹고 수집하고 사랑할 것이다. 그리고 만일 퇴직 후 맥도날드 매장을 운영하고 싶다는 그의 바람이 이루어진다면, 언젠가 그곳에서 '맥도숙 컬렉션'을 직접 구경할 수도 있을 것이다.

한 장 한 장
쌓아온
맥도날드와 나의
이야기

이은숙
맥도날드 트레이맷 수집가

해피밀은 엄마, 아빠, 아이
모두에게 즐거운 추억을
남긴다. ⓒ 한국맥도날드

엄마를 위한 배려의 시작

헐레벌떡 문을 여는 고객. 급하게 크루 앞에 다가선다.
"미니언즈 해피밀 세트 아직 있나요?"
크루가 고개를 끄덕인다. 안도의 한숨을 내쉬는 고객.
해피밀 세트가 새로 출시되면 흔하게 볼 수 있는 장면이
다. 어린이 메뉴에 장난감을 제공하는 기막힌 발상은 어
떻게 시작된 걸까?
해피밀의 역사는 1979년 미국으로 거슬러 올라간다. . 그
배경에는 '사람 중심'이라는 맥도날드의 핵심 가치가 스
며있다. 한국맥도날드에서 홍보와 대외협력 업무를 맡고
있는 심나리 상무의 이야기다.

해피밀은 어린이를 돌보느라 식사를 제대로 하지 못하는
부모를 위해 개발되었습니다. 어린이들이 장난감을 가지
고 노는 사이에 편안하게 음식을 즐기라는 뜻이었지요.
가족 모두의 행복한 시간을 보장하겠다는 배려가 숨어
있습니다.

우리나라에서는 1988년 1호점 압구정점 오픈 때부터
해피밀을 판매했는데, 어린이날이나 성탄절처럼 특별
한 날에 장난감 등의 선물을 주는 형태였다. 1998년에
는 '뮬란', '벅스 라이프'와 같은 만화영화 개봉과 함께
제공된 해피밀 장난감이 크게 주목을 받았다. 2000년
에는 헬로키티 인형을 해피밀 선물로 제공했으며, 이때

해피밀 판매 금액의 일정액이 RMHC로 기부된다. 어린이에게는 기쁨을, 부모에게는 나눔의 즐거움을 제공한다.

2014년 슈퍼마리오 토이가 포함된 해피밀을 사기 위한 고객 행렬. '해피밀대란'이란 신조어가 사전에 등재될 정도였다.
ⓒ 한국맥도날드

부터 해피밀 장난감 제공은 연중으로 일상화되었다.

사전에도 등록된 '해피밀대란'

이후 해피밀은 어린이는 물론, 성인들에게도 큰 인기를 끌었다. 소장 가치가 있는 리미티드 에디션은 '어린이가 아닌 어른이'를 매장으로 불러냈다. 해피밀을 수집하는 마니아들도 크게 늘어났다. 키덜트 문화라는 신조어도 나타났다. '맥도날드 헬로키티 에디션', '슈퍼마리오 브라더스 피규어', '미니언즈 캐릭터 토이' 등은 매장 앞에 긴 줄을 만드는 진풍경까지 연출했다. 급기야 네이버 국어사전에는 다음과 같은 용어까지 생겨났다.

해피밀대란 : [명사] 맥도날드에서 장난감을 주는 세트 메뉴 해피밀에서 주는 장난감을 얻기 위해 제품 구입 문의전화가 빗발쳤고 일부 고객은 사재기에 나서는 현상을 일컫는 신조어.

이후 맥도날드는 해피밀에 더 큰 의미를 부여했다. 2017년 이후 해피밀위크 행사를 진행, 사회공헌에도 앞장선 것이다. 심나리 상무의 이야기다.

해피밀 1개가 판매될 때마다 기부금을 적립합니다. 그 금액을 한국RMHC에 기부하고 있습니다. 이를 통해 어린이 환자와 그 가족들이 로날드 맥도날드 하우스에 머물면서 치료와 치유에 집중할 수 있도록 지원하고 있습니다.

해피밀은 키덜트 문화의 새 방향을 제시했으며, 많은 사람들에게 소중한 추억을 남겨주고 있다.

최초의 해피밀 패키지
미국에서 판매된 최초 해피밀은 '서커스 마차(Circus Wagon)' 모양이었다. 해피밀은 '레드 박스(Red Box)'라고 불리는 손잡이 달린 패키지에 포장했다. 최초의 장난감은 스텐실, 손목 밴드, 퍼즐, 캐릭터 지우개 등이었다.

역대 해피밀 장난감 순위
1위는 '티니 비니 베이비(Teenie Beanie Babies)'다. 1997년 미국에서 출시된 이 제품은 열흘 동안 무려 1억 세트가 팔렸다. 2위는 '미니언즈', 3위는 '슈퍼마리오'다.

세계적으로 판매된 한국 캐릭터
세계에서 4번째로 많이 판매된 제품은 놀랍게도 한국 토종 캐릭터다. 바로 '유후와 친구들'. 2013년에 유럽 40개 나라의 6,000여 맥도날드 매장에 공급되었다.

Feel Good Moments

맥도날드 마케팅

참깨 빵 위에 순쇠고기 패티 두장~

고객에게 다가가기 위해선 더욱
창의적이고 기발한 아이디어와 전략이
필요하다. 2012년 프랑스 칸에서 열린 '칸
국제광고제'에서 한국맥도날드의 빅맥송
광고 캠페인이 동상을 수상했다. 전략적인
미디어 커뮤니케이션으로 소비자들의
태도를 바꾸고 브랜드의 위상을 높였다는
것이 수상 이유다.
소비자가 능동적으로 참여하게 유도한
빅맥송 캠페인은 사용자가 직접 제작하는
UGC(User Generated Contents) 캠페인
중 가장 성공적이라는 평가를 받았다. 응모
건수가 1만 3,000건, 유튜브 조회 수는
500만 건이 넘었다.

@ 2012. 07. 중앙일보

당신의
기억 속에

Feel Good Moments,

Feel Good McDonald's

이해연

한국맥도날드 CMO
(마케팅 최고책임자)

세계 속으로, 고객의 가슴 속으로

2021년 5월, 마케팅 전문가들을 놀라게 한 이벤트가 열렸다. 한국만이 아닌 전 세계 50개 마켓에서 맥도날드가 선보인 'BTS 캠페인'이 바로 그것. 여러 나라의 맥도날드 매장마다 BTS 세트 메뉴를 기다리는 고객, BTS 세트를 고객에게 배달하는 라이더들의 긴 행렬이 화제였다. BTS 캠페인에서 제외된 국가에서는 고객들의 항의가 빗발쳤다. 심지어 한국맥도날드에 연락을 취한 해외 고객도 있었다. '자신의 국가에서도 BTS 캠페인을 열어달라'는 부탁이었다.

이 놀라운 현상은 마케팅 전문가들에게 비상한 관심 대상이었다. 세계 최대 광고 축제인 '칸 라이언즈 2022'에서는 이 캠페인을 주제로 토론까지 열릴 정도였다. 이해연 상무는 맥도날드 글로벌 본사와 함께 이 캠페인을 추진한 마케터다. 그는 당시를 이렇게 회고했다.

"BTS 캠페인은 가장 기억에 남는 활동 중 하나였어요. 글로벌 맥도날드가 특정 연예인과 손잡고 전 세계적으로 세트 메뉴를 출시한 것은 BTS가 처음이었거든요. 당시는 코로나 팬데믹으로 인해 글로벌 팀이 한국에 들어올 수 없었죠. 한국맥도날드가 광고 촬영 등 상당 부분 역할을 했습니다. 게다가 한국맥도날드에서 개발한 소스가 제공되었어요. 한국 문화와 한국의 맛에 대한 위상이 크게 올랐다는 걸 실감할 수 있었습니다."

BTS 캠페인 당시 한국맥도날드 직원들이 자긍심을 느낀 부분이 하나 더 있다. 그때 글로벌 차원에서 제작된 직원 유니폼이다. 매장에서 일하는 크루들의 티셔츠에는 정갈하고 아름다운 한글이 적혀 있었다. 'ㅂㅌㅅㄷ ㅁㄷㄴㄷ'라는 자음으로, '방탄소년단

"한글 티셔츠를 세계인이
입고, 한국의 소스가 전
세계로 공급되고… 한국
문화와 한국의 맛에 대한
위상이 크게 올랐습니다.
자긍심이 느껴지는
부분이죠."

맥도날드'를 상징하는 디자인이었다.
어떻게 고객에게 긍정적인 영향을 미칠 수 있을까?
많은 고객들은 맥도날드 속에서 자신의 추억을
발견한다. 부모님의 손을 잡고 갔던 매장에서 맛본
그 맛, 고깔모자를 썼던 생일잔치의 그 기억. 그리고
수많은 이벤트, 캠페인을 떠올린다. 빠라빠빠빠~
울려퍼지던 광고와 함께. 지난 35년 역사 속에서
의미가 남다른 마케팅은 무엇일까?

"춤과 노래를 좋아하는 한국인의 특성을 반영한
'빅맥송 캠페인'을 들 수 있습니다. 당시 UGC
문화와도 잘 접목이 되었던 거 같아요. 저도 영상을
보는데, 기억에 남는 게 많습니다. 정복 차림의
경찰관들이 단체로 방문해 동작과 율동을 했던 모습,
선생님의 지휘 아래 빅맥송을 합창하던 반 아이들이
기억에 남아요. 심지어 경쟁사 직원들이 유니폼을
그대로 입고 와서 빅맥송을 불렀습니다. 그 모든 것이
기분 좋은 마케팅 사례였다고 생각해요."

지난 35년 동안 맥도날드는 우리의 삶에 스며들었다.
문화적, 사회적, 경제적으로. 마케팅의 고민은 이
지점에서 출발한다. 단순히 물건을 파는 것이 아니라
고객의 삶에 긍정적인 영향을 미쳐야 한다는 것. 그런
점에서 맥도날드는 어느 순간 우리의 문화에 변화를
주었다.
이른 아침, 출근길에 맥모닝을 즐기는 직장인의 모습,
커피를 마시러 맥도날드를 찾는 모습이 이제 낯선
풍경은 아니다. 그런 문화를 만들기 위해 맥도날드는
차원 다른 마케팅 활동을 펼쳐왔다.

"내셔널 브랙퍼스트 데이 캠페인도 기억에 남아요.
맥도날드에서 맥모닝을 출시했지만, 여전히

한국인들에게 버거는 아침식사가 아니었거든요.
맥머핀이 훌륭한 아침이 될 수 있다는 점을 알리기
위해 철저히 준비했습니다. 많은 고객이 방문할
경우를 대비해 수 차례에 걸쳐 시뮬레이션을 했고,
사전에 소수 매장을 대상으로 시범운영도 했어요. 그
행사 때 너무 많은 고객 분들이 방문해 주셨죠. 몇 년
동안 그 행사가 진행되면서 본사 직원들도 매장에
나가 크루와 함께 맥모닝을 만들었어요. 본사와 매장
직원들이 한마음으로 일했던 게 참 좋았습니다."

같은 맥락에서 프리 커피 데이도 고객들에게 기억되는
이벤트였다.

"매장만 방문하면 커피를 무료로 제공하는
행사였지요. 그 이벤트 때, 35만 잔의 커피를
제공했는데 고객들의 반응이 놀라웠죠. 맥도날드
커피가 맛있고 가성비가 높다는 이야기도 좋았지만,
아침부터 기분 좋은 선물을 받은 것 같다는 고객의
반응이 가장 기억에 남아요."

이른 아침, 훌륭한 아침 식사와 따뜻한 커피 한 잔을
선물 받은 고객들에게 맥도날드는 소소한 행복 한
조각도 함께 전했다.

고객의 이야기에 귀 기울이는 마케팅 캠페인
마케팅 전문가 세스 고딘(Seth Godin)은 '고객들의
작은 목소리에 귀 기울일 때, 그 마케팅은 성공한다'고
말한다. 특히 고객들의 의견이 제품 개발에 적용된다면
더 큰 의미를 남긴다는 것.
맥도날드의 마케팅은 고객으로 시작해서 고객을
향한다. 제품 개발에 고객들의 목소리를 담는다. 그
대표적인 사례가 베스트 버거 캠페인이다.

"한국의 고객들이 먼저 베스트 버거를 요구하셨어요. 베스트 버거는 사실 호주나 캐나다 등 버거 문화가 발달한 빅마켓에 먼저 도입된 상태였죠. 하지만 한국 고객들도 맛과 품질의 차원이 다른 버거를 계속 요구하셨기에 세계에서 4번째, 아시아 최초로 베스트 버거를 도입하게 된 겁니다."

맥도날드는 처음부터 마케팅 활동을 적극적으로 펼치지 않았다. 그런데 베스트 버거가 도입되었음을 잘 모르는 고객들이 먼저 '맛이 훨씬 더 좋아졌다'는 피드백을 주기 시작했다. 고객이 먼저 맛의 변화를 느낀 것.
고객들의 이야기로부터 시작된 제품 개발이 마케팅 차원에서 새로운 캠페인으로 발전되기도 한다. 특히 맥도날드의 마케팅은 제품 개발 차원을 넘어 맥도날드가 추구하는 핵심가치가 반영된 새로운 활동으로 이어지기도 한다. 대표적인 것이 '한국의 맛 Taste of Korea' 캠페인이다.

"고객들은 더 맛있는 한국의 맛을 원하셨어요. 맥도날드는 김치나 고추장처럼 강한 맛을 내는 콘셉트가 아니라 한국의 좋은 재료를 활용해, 그 맛의 원천을 보여드려야 한다고 생각했죠. 그렇게 창녕 갈릭 버거와 보성녹돈 버거가 탄생했어요. 창녕의 경우에는 엄청난 마을 홍보 효과를 누렸고, 농가와 지역사회에도 큰 도움이 되었습니다. 보성녹돈 버거 출시 때에는 그곳에 일일매장까지 열었습니다. 주변에 맥도날드 매장이 없어서 한 번도 우리 버거를 드셔보지 못한 주민들을 위해 그런 캠페인을 전개한 거죠. 농민 분들께 즐거운 순간을 제공해 드려 매우 기뻤던 생각이 납니다."

고객의 기억에 남는 '행복의 순간'
지난 35년 동안 맥도날드가 이어온 캠페인에는 일관된 원칙이 있다. 빅맥송 부르기, 프리 커피 데이, 내셔널 브랙퍼스트데이, 주방 공개의 날 등 모든 활동이 고객의 관점에서 이루어진다. 고객이 두 눈으로 직접 확인하고, 맛보고, 참여하면서 맥도날드가 추구하는 '진심'을 느끼게 된다.

"매해 연말에는 행운버거 캠페인이 진행됩니다. 이때 생긴 수익금을 RMHC에 기부하는 거죠. 맥도날드에 접수되는 고객의 목소리에는 행운버거에 대한 이야기가 많습니다. 기부에 동참할 수 있어서 좋다는 의견이 많죠."

35년의 역사를 바탕 삼아 앞으로 맥도날드가 추구하는 마케팅은 어떤 모습일까? 앞으로 추구하는 마케팅에는 어떤 가치가 담기게 될까?

"맥도날드의 지난 활동을 보면, 단순한 레스토랑 브랜드는 아니었다는 생각이 들어요. 그동안의 활동 속에서 '나의 삶 속에 추억이 담기고', '특별한 경험이 쌓이는' 아주 독특한 브랜드로 자리 잡은 거죠. 고객들이 다시 맥도날드를 찾는 힘, 그것은 바로 'Feel Good Moment'입니다. 맥도날드에서 가장 즐거웠던 경험, 즐거웠던 순간을 만들어 드리는 데 있어요. 고객을 위해 진심을 다하고 거기에 우리가 지향해온 핵심가치를 더해 보다 행복한 세상을 만들겠다는 뜻이 담겨 있습니다. 세상에 좋은 것은 맥도날드에도 좋은 거지요. 바꿔 말하면 우리는 우리가 좋아서 진심을 다합니다."

McDonald's Korea 35 Years

빅맥송을
부르며
행복의 나라로~

글로벌
브랜드에

한국을
담습니다

노유경

퍼블리시스그룹코리아
(Publicis Groupe Korea)
대표

빅맥송, 온 국민 애창곡이 되다

참깨빵 위에 순 쇠고기 패티 두 장, 특별한 소스,
양상추, 치즈, 피클, 양파까지~ 빠라빠빠빠!
광고로 시작해 콘테스트로 확산되며 남녀노소, 래퍼와
가수 등의 목소리로 다양하게 변주된 빅맥송의
인기는 '열풍'이라 불러도 좋을 만큼 뜨거웠다. 오래전
미국 맥도날드 CM송을 대한민국 국민 애창곡으로
재탄생시킨 빅맥송 캠페인은 한국 광고 중 최초로
세계 최대 광고제인 '칸 국제광고제' 미디어 부문에서
해당 지역 소비자에 가장 부합하는 캠페인에 주어지는
'Best Localized Campaign' 동상을 수상하며 아시아
국가들로 수출되기도 했다. 노유경 대표는 2010년
퍼블리시스그룹코리아 계열사인 레오버넷에 맥도날드
전략 플래너로 합류한 이후 빅맥송 캠페인을 주도했다.

"처음부터 맥도날드 일이라면 잘해낼 자신이
있었어요. 레오버넷에 입사한 것도 '한국맥도날드
전략 플래너로 오라'는 제안을 받았기 때문이죠.
어릴 적부터 개인적으로 좋아하는 브랜드이기도
하지만, 광고인으로서도 맥도날드의 기업 철학과 잘
맞았어요. 맥도날드는 '사람 중심'의 감성을 중시하는
브랜드인데, 제가 추구하는 광고 역시 브랜드의
장점을 일방적으로 내세우기보다 소비자 즉, 사람의
입장에서 브랜드의 가치를 보여주는 거예요. 빅맥송
캠페인도 그런 의도로 기획했죠."

빅맥송 캠페인은 2012년부터 2020년까지 총 5개
시즌으로 진행되었다. 그중 참여율이나 화제성
면에서 가장 큰 반향을 일으킨 것은 역시 첫 시즌이다.
'한국인은 음악과 노래경연 프로그램을 좋아한다'라는
분석을 바탕으로 맥도날드의 감성에 한국의 색깔을
더한 빅맥송 콘테스트는 그동안 유래를 찾아보기

지난 10년 동안 빅맥송 이벤트에
참가한 고객만 2만 5,977건에
달한다. 이러한 성과를 거둔 국내
마케팅 사례는 손에 꼽을 정도다.
사진은 2008년 및 2020년
빅맥송 이벤트 홍보 포스터.
ⓒ 한국맥도날드

힘든 소비자 참여형 캠페인으로 주목받았다. 그리고
예상을 뛰어넘는 참여 속에 아이부터 노인까지, 사적인
공간에서 번화한 거리와 맥도날드 매장까지, 소비자의
일상 깊숙이 스며들며 '빅맥'은 '즐거움'이라는 인식을
널리 확산시켰다.

"빅맥이 얼마나 크고 푸짐한 버거인지 자랑하는
광고로는 소비자의 마음에 닿을 수 없어요.
소비자의 삶에 어떤 만족을 주는지, 어떤 감정을
불러일으키는지, 어떤 의미인지가 중요하죠. 빅맥송
캠페인은 하나의 노래지만 부르는 사람의 개성을
표현하는 매체로 활용되며 많은 관심을 모았어요.
브랜드가 나의 개성을 드러내는 도구가 될 때 팬덤이
만들어지죠. 그런 의미에서 맥도날드는 팬덤을
보유한 브랜드이고, 빅맥송 캠페인은 그런 팬덤을
더욱 확장하고 강화하는 역할을 했다고 생각합니다."

따로 또 같이 즐기는 한국인의 빅맥송
시즌1 성공 이후 '소비자가 주인공'이 되는 '즐거운
경험'이라는 기본 취지를 지키는 가운데 새로운
재미와 의미를 더하는 시도가 시즌5까지 이어졌다.
한국맥도날드 25주년을 맞이하며 진행된 시즌2는
매장 내에 오디션 부스를 설치해 맥도날드 매장을
신나는 엔터테인먼트 무대로 만들었고, 시즌3은 지역
'커뮤니티'에 대한 맥도날드의 관심을 담아 전국 각지의
지역색을 담아낼 수 있는 '전국 빅맥송 자랑'으로
진행되었다. 개인 경연이자 지역 간 경연 형태를
띠면서 지역 대표로 나선 단체 참가자가 많았는데
전주의 빅맥송 창 버전, 부산의 광안리 빅맥송,
강원도의 양떼목장 빅맥송 등 전국 각지의 개성이 담긴
스케일 큰 영상이 쏟아져 나왔다.
시즌4는 크러쉬, f(x), 전현무 등의 셀럽이 빅맥송을

부른 영상에 일반 참가자의 빅맥송 영상을 더해 비대면 듀엣을 완성하는 형식으로 다시 한 번 빅맥송을 화제의 중심에 올려놓았다. JTBC 아나운서 장성규, 쇼미더머니5 래퍼 해쉬스완 등 유명인들도 자발적으로 참여하면서 다양한 장르의 편곡이 시도되었고 소셜 미디어에서도 널리 확산될 수 있었다. 특히 크러쉬와의 듀엣이 가장 인기가 많았는데, 그의 화려한 가창력에 어울리는 숨은 실력자가 다수 등장해 레전드급 하모니를 뽐낸 영상들도 탄생했다. 이후 빅맥송 캠페인은 한동안 중단되었다가 코로나19가 한창이던 2020년에 시즌5가 진행되었다.

"사회적 교류가 단절된 우울한 상황에서 빅맥송 캠페인의 즐거운 에너지로 사람들의 일상에 조금이나마 활력을 불어넣자는 기획이었어요. 당시 상황에 맞게 집안에서 혼자 혹은 가족끼리 만든 영상이 대부분이었는데, 어느 시즌보다 공들여 만든 영상이 많았습니다. 사회적 격리 확산으로 남아도는 시간과 에너지를 쏟아낼 분출구가 필요했던 분위기가 반영된 것이죠."

매 시즌 참가 대상을 확장시키는 변화를 시도하면서 시즌5까지 진행된 빅맥송 캠페인은 약 10년의 시간이 담긴 총 2만 5,977건의 영상으로 2만 5,977가지 즐거운 빅맥 경험을 쌓아올릴 수 있었다.

소소하지만 확실한 행복의 나라
그밖에 '행복의 나라' 이야기도 빼놓을 수 없다. 빅맥송 캠페인이 소비자에게 '즐거운 경험'을 이끌어내는 데 집중했다면, '행복의 나라' 캠페인은 소비자의 일상에 작지만 확실한 '행복'을 준다는 취지로 기획되었다. '행복의 나라' 캠페인이 시작된 2013년 당시 다른

브랜드에서도 일부 메뉴를 할인된 가격에 판매하는 프로모션은 있었지만, 특정 시간이나 요일에 한정하지 않고 상시 적용하는 방식은 맥도날드가 처음이었다. 프로모션 메뉴도 콜라와 커피, 후렌치 후라이, 선데이 아이스크림, 맥너겟, 불고기 버거 등 소비자의 체감 만족도를 높일 수 있는 인기 메뉴로 구성되어 있었다. '행복의 나라' 캠페인은 맥도날드가 제공하는 이러한 혜택의 진정한 가치가 단순한 숫자가 아닌, 소비자의 일상에 일으킬 수 있는 행복한 변화에 있다는 생각에서 출발했다.

"요즘도 그렇지만 당시 우리나라는 경기도 안 좋고 정치·사회적으로도 불확실성이 높은 시기였어요. 한국은 행복지수가 낮고 자살률이 높은 나라라는 인식이 퍼져 있었죠. 지금 한국인에게 가장 필요한 것은 '행복', 그렇다면 맥도날드가 줄 수 있는 '소소하지만 확실한 행복'을 보여주자고 생각했습니다."

먼저 '행복에는 많은 돈이 들지 않는다', '맛있는 음식은 혼자 먹어도 함께 먹어도 행복하다'라는 메시지를 직장인, 학생 등 다양한 사람들의 맥도날드 이야기로 풀어낸 광고와 '행복발언대'를 통해 밝고 편안하고 진정성 있는 맥도날드의 감성을 '행복의 나라'로 연결시켰다. 이어진 캠페인은 순조롭게 론칭한 '행복의 나라'의 화제성과 인지도를 높이기 위해 '행복의 나라당' 선거유세라는 유머러스한 콘셉트로 진행되었다. 선거유세를 중계하는 형식의 광고에 더해 선거포스터를 제작해 대학가에 붙이거나 당시 광고모델이었던 방송인 전현무 씨가 유세차량을 타고 거리 캠페인을 펼치는 등의 이벤트도 진행되었다.

"언제 어떤 매장에서든 만날 수 있는 '행복의 나라' 메뉴처럼 TV를 틀면 쉽게 볼 수 있는 친근한 인물이 광고에 어울린다는 판단으로 전현무 씨를 선택했고, 결과는 대성공이었죠."

방송과 오프라인, 온라인을 넘나들며 콘셉트를 다양한 형식으로 확장시킨 '행복의 나라' 캠페인은 빅맥송 캠페인과 마찬가지로 소비자의 일상에 파고들며 '맥도날드는 행복의 나라'라는 이미지를 확실히 각인시킬 수 있었다.

사람들의 일상에 스며드는 브랜드

빅맥송 캠페인과 '행복의 나라' 캠페인을 담당한 레오버넷은 프랑스에 본사를 둔 글로벌 톱3 커뮤니케이션 에이전시이자 국내 최대 글로벌 에이전시인 퍼블리시스그룹코리아의 계열사다. 한국맥도날드는 노유경 대표가 레오버넷에 입사한 2010년 이후 퍼블리시스그룹코리아 대표직을 맡고 있는 현재까지 13년째 레오버넷과 스타컴 등 퍼블리시스그룹코리아 계열사의 클라이언트로 파트너십을 이어가고 있다. 노유경 대표는 한국맥도날드와 퍼블리시스그룹코리아의 오랜 협업이 가능했던 가장 큰 이유는 두 기업이 핵심가치를 공유하고 있기 때문이라고 말한다.

"레오버넷 역시 맥도날드와 마찬가지로 사람, Humankind를 가장 중요한 가치로 삼고 있습니다. 같은 방향성을 가지고 있으니 함께 만족스러운 결과물을 만들어낼 수 있죠. 한국맥도날드가 상생을 중시하는 기업 철학을 토대로 레오버넷의 의견과 입장을 존중하고 업무 효율화 등에 적극 협조해주는 것도 큰 동기 부여가 되고 있습니다. 진정한

파트너십이 있었기에 빅맥송 캠페인이나 '행복의 나라' 캠페인 같은 성공 사례도 나올 수 있었다고 생각합니다."

한국맥도날드와 퍼블리시스그룹코리아의 또 다른 공통점은 글로벌 기업이라는 것이다. 실제로 노유경 대표는 오스트리아 여행 중에 맥도날드를 처음 접했는데, 맛이나 분위기 측면에서 매우 좋았다고 한다. 그런 이미지는 한국에서 맥도날드 매장을 방문한 이후에도 변함없이 이어졌다. 그만큼 글로벌 맥도날드의 아이덴티티가 한국맥도날드에서도 잘 유지되고 있다는 의미이다. 하지만 다른 한편으로는 어느 글로벌 브랜드보다 한국적인 색깔을 선명하게 드러내는 브랜드이기도 하다. 빅맥송 캠페인과 '행복의 나라' 캠페인은 한국맥도날드가 지속적으로 진행 중인 '한국의 맛 Taste of Korea' 메뉴와 함께 한국맥도날드만의 색깔이 무엇인지 보여주고 있다.

"한국맥도날드는 우리나라 브랜드 중에 가장 글로벌하면서 가장 로컬한 브랜드입니다. 그리고 K컬처가 세계를 휩쓸고 있는 현재는 한국맥도날드만의 로컬한 색깔이 다시 글로벌로 확장될 수 있는 상황이 마련되어 있죠. 빅맥송 캠페인이 아시아 일부 국가에 수출되었다면, 이제는 K셀럽이 등장하는 한국맥도날드 광고나 캠페인으로 글로벌 리더십을 가져가는 것도 가능해졌습니다. 그 가능성을 실현시키는 과정에서, 글로벌 인프라를 갖춘 퍼블리시스그룹코리아가 할 수 있는 역할이 분명히 있다고 생각합니다. 앞으로도 한국맥도날드의 파트너로서 한국을 넘어 세계로 나아가는 길에 함께하고 싶습니다."

노 대표는 한국맥도날드만이
갖고 있는 특성이 있다고 말한다.
한국의 마케팅이 글로벌을 이끄는
일도 머지 않았다고 판단한다.
35년간의 마케팅 노하우가
축적되어 있기 때문이다.

마케팅에도 진심을 담았다

HAPPY VALUE MEAL

거짓이 없다, 과장하지 않는다

2007년 맥도날드가 '메이드 포 유' 시스템을 도입했을 때의 일이다. 이 시스템은 엄청난 혁신이었다. 미리 만들어놓은 제품을 데워주는 것이 아니라, 주문과 동시에 요리를 한 뒤, 60초 안에 갓 조리된 버거를 제공하는 형태였다. 맥도날드가 처음 이 시스템을 도입하자 한국의 버거 업체들도 이 시스템을 벤치마킹했다. 그러나 그 과정은 결코 쉽지 않았다. 동선, 주방 시스템, 조리도구 등을 모두 바꾸고 연구해야만 가능한 일. 한두 매장을 시범적으로 바꾸기도 힘들어했다. 그러나 이 시스템을 도입했다고 홍보한 것은 맥도날드가 아닌 타 업체였다. 박주영 커뮤니케이션 수퍼바이저의 이야기다.

맥도날드 마케팅에는 원칙이 있습니다. 바로 패밀리, 정직, 포용, 커뮤니티, 사람 중심 등 핵심가치에 부합해야 한다는 겁니다. 예컨대 '메이드 포 유' 시스템이 도입되었을 때에도 광고나 언론, 이벤트 등의 특별한 행사는 별도로 취하지 않았습니다. 맥도날드 매장에 100% 도입되지 않았다는 이유 때문이었죠. 반면 타 버거 업체에서는 10%도 안 되는 비율임에도 그 시스템을 홍보하더군요. 맥도날드 마케팅에는 진심이 담겨 있다는 걸 느꼈습니다.

꾸미지 않고, 있는 그대로를 진솔하게 보여주는 것- 그것을 통해 고객과 즐거운 경험을 함께 하겠다는 정신- 그것이 맥도날드 마케팅 불변의 원칙이다.

맥도날드 '주방 공개의 날' 이벤트 현장. 맥도날드는 모든 것을 그대로 공개했다. 꾸밈 없이, 과장 없이, 있는 그대로. 진심을 다해.
©한국맥도날드

즐거운 경험을 선사하는 마케팅

지난 35년 역사에서 맥도날드의 마케팅은 화제를 몰고 오

곤 했다. 신제품 출시는 물론, 24시간 오픈, 맥런치, 맥카페 론칭 등 매 시기마다 특징적이며 선진적인 광고, 홍보, 이벤트를 통해 새 역사를 써 왔다. 항상 그 중심에는 고객이 있었다. 늘 고객과 함께 호흡하며, 고객에게 즐거운 경험을 제공해왔다. 하나하나 헤아리기 힘들 정도지만 그중 대표적인 사례 몇 가지만 들어보자.

- '빅맥송 부르기' 캠페인 및 고객 참여 광고
- '맥투나잇(Mac Tonight)' 캠페인
- '내셔널 브렉퍼스트 데이(National Breakfast Day)'
- '맥딜리버리 데이(McDelivery Day)'
- '프리 커피 데이(Free Coffee Day)'
- 'BTS 글로벌 캠페인'
- '해피밀 위크(Happy Meal Week)'
- '보성녹돈 버거 페스티벌'

이처럼 고객과 함께 해온 역사 덕분에 많은 사람들의 기억 속에 맥도날드는 추억의 한 장으로 남아있다. 한 고객은 다음과 같은 사연을 보내오기도 했다.

'주방 공개의 날' 행사 때 참여했는데, 세 가지 점에 매우 놀랐습니다. 우선 주방이 너무나 깨끗했다는 점이고, 둘째는 버거를 만드는 원재료의 품질 및 관리 방식이었습니다. 좋은 원료, 체계적인 관리가 돋보였습니다. 마지막은 우리 아이가 너무나 맛있게 버거를 먹고 즐거워 했다는 점입니다. 지금은 청소년이 된 아들이지만, 가끔 이렇게 말합니다. '지금까지 먹은 버거 가운데 가장 맛있었던 것은 그날 먹었던 버거'라고 말입니다. 즐거운 추억을 안겨주셔서 고맙습니다.

@ 강혜종 고객님

한국 마케팅사에 길이 남을 빅맥송 캠페인 포스터. 수많은 고객과 함께 호흡하며 즐거운 경험을 만들었다. © 한국맥도날드

맥도날드는 진심을 다한다. 그 진심의 지향점은 오직 하나다. 고객에게 'Feel Good Moments'를 제공하는 것!

맥도날드
공간 디자인에도
역사가
깃들어 있다

2011 Form classic, 제주시청점 © 한국맥도날드

2012 Allegro style, 울산옥계점 © 한국맥도날드

2013 Allegro freedom, 청주봉명DT점 © 한국맥도날드

고객이 더 편하게 쉴 수 있는 곳 - 맥도날드의 공간이다. 각 매장 디자인에는 특성이 있다. 젊은 층이
많은 곳은 역동성을, 가족들이 많이 찾는 곳은 안온함을 강조한다. 매장 공간을 세분화해서 패밀리
존(Family Zone), 칠드런 존(Children Zone), 패스트 존(Fast Zone), 링거링 존(Lingering Zone) 등으로
디자인한다. 매 시기마다 보다 세련된 디자인이 적용되었다. 글로벌 차원의 표준 디자인은 2010년부터
적용되었는데, 알레그로 Allegro, 폼 Form 등이 대표적이다. 최근에는 친환경 매장으로 디자인되고
있으며, 전국 모든 매장은 어린이들에게 언제나 열려 있는 예스 키즈존을 지향한다.

McDonald's Korea 35 Years

2017 Alphabet, 고양삼송DT점 ⓒ 한국맥도날드

2017 Playground, 목포남악DT점 ⓒ 한국맥도날드

McDonald's Korea 35 Years

119

McDelivery

버거 배달 시대를 열다, 맥딜리버리

맛있는 행복이 배달왔습니다~

늦은 오후, 창밖을 바라봅니다. 작업하느라
때를 놓쳐 허기가 집니다. 멀리 노란
스쿠터가 달려옵니다. 작업실 문밖으로
초인종이 울립니다. '띵동, 맥도날드가
배달왔습니다.'
문을 열자 헬멧을 벗고 고개를 숙이는
라이더, 은백의 머리칼이 눈에 밟힙니다.
감사 인사를 건네자, 미소 짓는 라이더. 버거
세트를 받아들자 '맛있게 드시라'는 말을
남기고 사라집니다.
이상하게 여운이 남습니다. 다시 창밖을
내다봅니다. 문득 맥도날드 스쿠터는 친환경
전기 바이크였다는 생각이 듭니다. 음식을
종종 주문하지만 맥도날드는 다르다는
생각이 듭니다. 참, 이상하게 마음이 갑니다.

@ 사진작가 박병혁

McDonald's Korea 35 Years

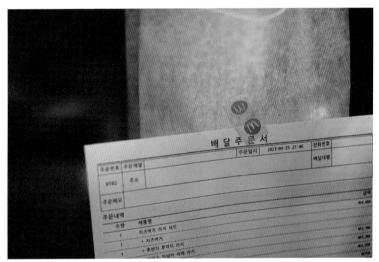

따뜻한 음식이 나왔습니다. 이제 고객을 향해 출발합니다. 더 안전하고, 더 따뜻하게-
오늘도 행복을 배달합니다.

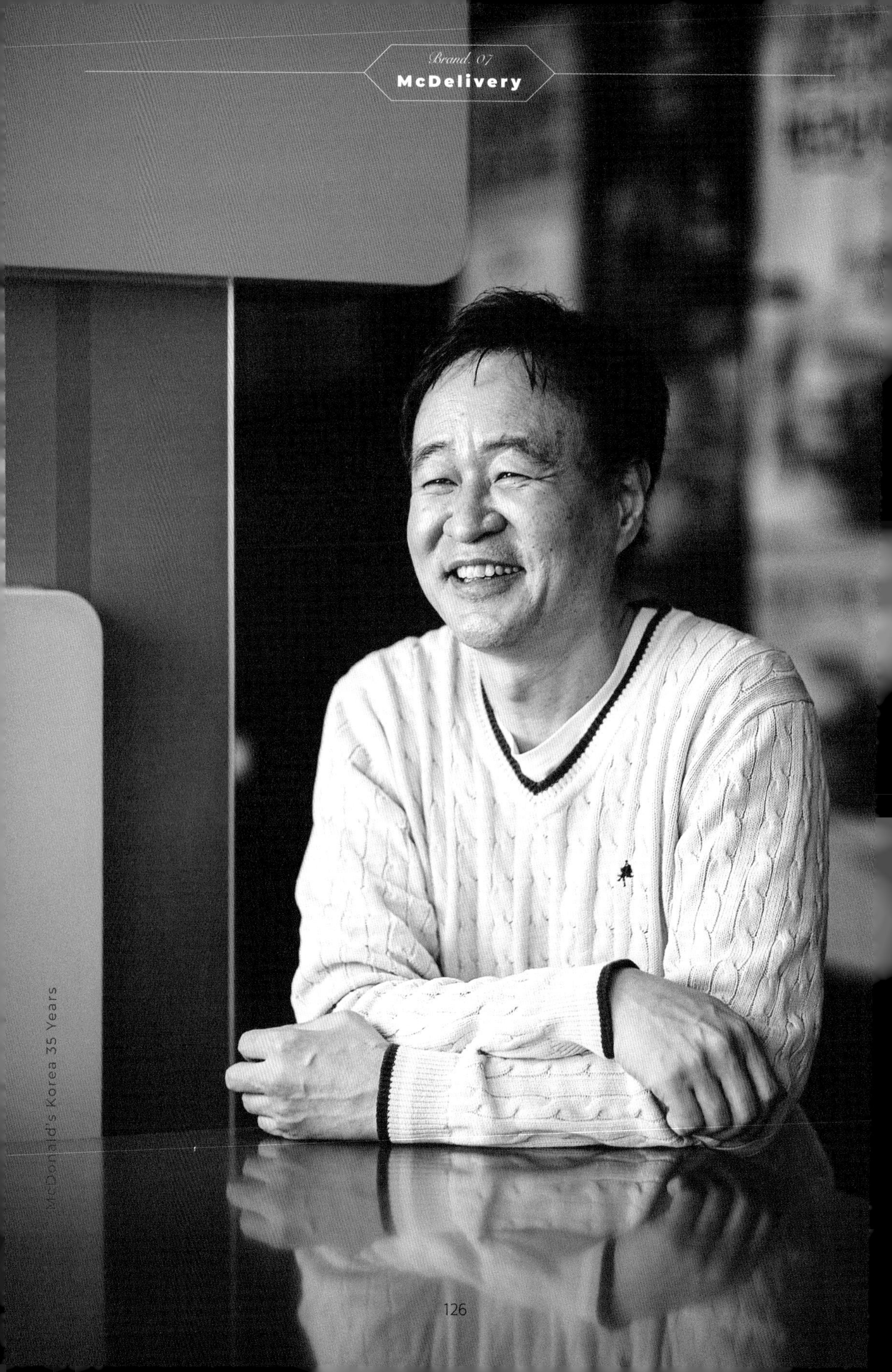

Wherever you go, We come

맥딜리버리,

배달의 역사를 만들다

이훈민

군포산본DT점 점주
전 MDS 프로젝트팀 리더

찾아가는 맥도날드, 맥딜리버리

맥딜리버리(McDelivery Service, MDS)는 2007년부터 시작된 한국맥도날드의 배달 서비스다. 그 이전에도 개별 매장에서 자체적으로 주문받은 메뉴를 직접 배달하는 경우는 있었지만, 전담 인력이나 시스템의 뒷받침이 없었기 때문에 안정적인 서비스를 제공할 수는 없었다. 현재 군포산본DT점을 운영하는 이훈민 점주는 2007년 5월, 딜리버리 시스템 준비 단계부터 프로젝트팀 리더로 참여해 우리나라 최초로 버거 및 카페 메뉴 딜리버리 비즈니스 플랫폼을 구축하고 실행시킨 주역이다.

"처음 프로젝트팀 팀장이 되었을 때는 배달 서비스가 팀까지 꾸릴 만큼 복잡한 일인가 생각도 했습니다. 하지만 딜리버리는 매장마다 여건이 될 때 주문받은 음식을 가져다주는 기존의 단순 배달과는 다릅니다. 맥도날드의 메뉴와 서비스를 언제 어디로든 안정적으로 제공하는 시스템으로, 맥도날드 매장을 고객이 계신 곳까지 확장한다는 의미죠. 그동안 없던 비즈니스 플랫폼을 처음부터 새로 만들어야 했기 때문에 생각하고 준비할 것이 한두 가지가 아니었습니다. 각 부서의 임원들이 프로젝트팀 팀원으로 투입되었을 만큼 대형 프로젝트였죠."

당시 글로벌 맥도날드에서 딜리버리 시스템을 갖춘 곳은 싱가포르를 비롯한 동남아 일부 국가와 이집트, 튀르키예 등이었다. 한국맥도날드는 딜리버리 서비스 도입 검토를 결정한 이후 배달 매출 비중이 높으면서 시스템을 잘 갖춘 튀르키예를 방문해 전반적인 운영 상황을 파악했다. 사장 및 부사장 포함 임원진과 실무 담당자로 구성된 조사단은 3박 4일 동안 콜센터부터 매장까지 딜리버리 시스템 전 과정을 꼼꼼히 체크하고, 튀르키예를 떠나기 전날 밤 한국으로 돌아가면 테스트 매장 운영부터 시작하기로 결정했다.

"맥딜리버리를 준비하면서 중요하게 생각한 부분은
배달 역시 매장과 마찬가지로 맥도날드의 기준에
맞는 맛과 서비스를 보장할 수 있어야 한다는
것입니다. 배달하는 동안 음식 맛이 어느 정도
떨어지는 것은 어쩔 수 없지만, 그 정도를 최소화하는
기준과 시스템을 만들 필요가 있었죠. 또한 주문을
받고 음식을 포장하여 배달하는 과정이 매끄럽게
진행될 수 있도록 단계별 매뉴얼도 만들어야
했습니다. 그냥 배달이 아니라 맥도날드의 이름을
건 '맥딜리버리'이기 때문에 통합 관리되는 플랫폼
구축이 필요했던 거죠."

이 모든 준비과정을 최대한 빠르게 진행해야 한다는
것도 프로젝트팀의 어려움 중 하나였다. 국내
최초로 시도되는 서비스였던 만큼 동종업계에서
알아채고 따라 하기 전에 앞서기 위해서는 보안을
지키면서 빠르게 실행해야 했다. 당시 OC(Operations
Consultant)였던 이훈민 점주는 24시간 전환을
담당하여 단기간에 성공시킨 경험을 인정받아
프로젝트팀 리더를 맡게 되었다. 각 부문을 대표하는
상무·이사급 임원들이 프로젝트팀에 참여한 것도 빠른
업무 추진과 보안 유지를 위한 선택이었다. 실제로
프로젝트 진행 당시 맥딜리버리에 관한 모든 내용은
이훈민 점주가 사장실에 직접 보고했고, 테스트
매장에서 서비스를 시작한 후에도 대부분의 직원은
딜리버리 프로젝트가 진행 중이라는 사실을 알지
못했다.

그동안 없던 신개념 배달 서비스의 시작
테스트 매장은 규모와 보안 등 여러 조건을 고려하여

한국맥도날드의 맥딜리버리
서비스를 배우기 위해 일본 등
가까운 아시아 국가뿐 아니라
중남미와 아프리카에서까지
찾아왔을 정도죠. 먼저 시작한
나라를 따라가는 입장에서 MDS
도입에 참여했던 사람으로서, 그
나라들을 앞질러 단연 최고의
MDS 강국으로 인정받게 되었을
때 정말 자랑스러웠습니다.

도심에서 떨어진 포천DT점으로 결정되었다. 주문
전화를 받는 것부터 배달과 매장 내 딜리버리 주문
처리 등 단계별 과정을 누가 어떻게 해야 할지, 인력을
구하고 매뉴얼을 만드는 모든 준비과정을 2개월 만에
마치고 7월부터 한국맥도날드 첫 MDS가 시작되었다.

"주문전화를 받는 것부터 간단치 않았습니다.
1개 매장만 시범운영하는 것이었기 때문에 우선
제가 매장에 상주하며 주문전화를 받았는데,
콜센터 경험이 없으니 교육 자료를 찾아보면서
맥도날드에 적합한 CS 매뉴얼을 직접 만들었죠.
또 모든 메뉴를 배달가방 안에 넣고 30분까지 5분
단위로 변화를 테스트하여 딜리버리 가능 메뉴와

거리를 확정했습니다. 라이더 오토바이와 유니폼, 안전수칙과 친절 서비스 등 교육 매뉴얼도 이때 만들었고요. 딜리버리 구역을 정하려고 오토바이를 타고 포천 일대를 머릿속에 지도가 그려질 정도로 돌아다녔죠."

당시 우리나라에서 배달 가능한 메뉴는 중국음식과 치킨, 족발 등 동네 음식점 메뉴 외에 피자가 유일했다. 맥도날드의 딜리버리 서비스에는 버거뿐 아니라 아이스크림과 커피 등 맥카페 메뉴도 포함되었기 때문에, MDS 테스트 과정은 곧 우리나라의 배달 메뉴를 획기적으로 확장시키는 시도였다. 포천DT점에서의 테스트는 변변한 홍보 없이도 한 달 만에 하루 평균 40건의 주문이 들어올 정도로 성공적이었다. MDS에 대한 높은 수요가 확인된 만큼 본격적인 서비스 확대를 목표로 인구가 밀집된 서울 강남이 다음 테스트 지역으로 정해졌다. 강남 전 지역에서 딜리버리 서비스를 제공하기 위해 7개 '슈퍼허브' 매장을 지정하고 MDS를 동시 오픈하면서 콜센터 운영도 시작했다.

"강남 지역 전체에 서비스를 제공하려면 통합 콜센터 운영이 필수였기 때문에 당시 서울대점 점장이었던 이현종 컨설턴트가 콜센터 매니저를 맡아 상담원 20여 명 규모의 콜센터를 직접 운영했습니다. 전례가 없는 버거 매장 딜리버리 주문을 처리해줄 전문 업체를 구하기도 어려웠지만, 우리에게 맞는 매뉴얼을 직접 만들 수 있었다는 점에서 필요한 과정이었다고 생각합니다. 이후 딜리버리 서비스가 전국으로 확대되면서 외주업체에 운영을 맡긴 후에도 이현종 컨설턴트가 상주하며 교육 및 운영 방향을 제시할 수 있었죠."

강남 지역에서의 테스트도 한 달 만에 하루 평균 약 700건의 주문이 쏟아질 만큼 성공을 거두면서 11월 서울 강동, 12월 경기 수원을 거쳐 2008년 4월부터는 전국에서 맥딜리버리 사업이 본격 시행되었다. 튀르키예를 방문하며 준비를 시작한 지 약 1년 만이었다. 이후 맥딜리버리 서비스는 슈퍼허브가 아닌 개별 매장으로 확장되어 2010년 1월부터는 모든 신규 매장에 딜리버리 시스템을 기본 설치하게 되었다.

고객을 위해, 라이더와 함께

현재 한국맥도날드 대부분 매장에서 딜리버리가 매출의 20% 이상을 차지할 정도로 딜리버리 서비스 도입은 한국맥도날드의 성장에 중요한 역할을 담당했다. 하지만 딜리버리 시스템 도입과 정착의 가장 큰 성과는 무엇보다 고객 편의성을 높인 데 있다.

"맥도날드 매장은 전국에 있지만, 동네 골목마다 있는 편의점처럼 접근성이 높은 것은 아니죠. 하지만 MDS가 생기면서 직장에서 가정에서 혹은 야외에서 여러 사정으로 매장까지 방문할 수 없는 고객도 언제든 원하는 장소에서 맥도날드 메뉴를 즐길 수 있게 됐습니다. 배달이 일상화된 요즘은 당연하게 느껴지지만, 도입 당시만 해도 신선한 서비스여서 고객 만족도가 무척 높았어요."

고객 편의를 높이기 위해 도입된 딜리버리 서비스는 이후 전화 주문 방식에서 온라인 주문 방식으로, 다시 모바일 앱으로, 배달 전문 플랫폼 입점으로, 계속에서 더 쉽고 편리한 서비스를 제공하는 데 앞장서 왔다. 그중에서도 이훈민 점주가 가장 자랑스럽게 생각하는 한국맥도날드 딜리버리 서비스만의 차별점은 배달 전담 직원인 라이더 운영 시스템이다. 포천DT점에서

7대의 바이크로 테스트 운영을 시작할 때부터 한국맥도날드는 라이더를 직접 채용하고 유니폼과 함께 헬멧과 무릎 및 손목 보호대 등 보호 장구까지 제공해 의무적으로 착용하도록 했다. 특히 '바이크는 위험하다'는 인식을 바꾸기 위해 드라이빙스쿨에서 안전운전을 교육하고 국내 기업 최초로 라이더 보험에 가입하는 등 안전을 최우선에 둔 시스템을 구축하면서 한국의 배달 문화를 한 단계 성장시키는 데 기여했다. 또한 매장 밖에서는 라이더가 곧 맥도날드라는 인식 아래 친절 서비스 교육과 함께 매장 크루와 동일한 메뉴 교육도 진행했다. 이후 라이더를 커리어패스에 포함시키면서 라이더 출신 매니저까지 배출할 수 있었다.

"라이더는 맥딜리버리의 시작과 끝이라고 해도 과언이 아닙니다. 이 서비스가 성공할 수 있었던 데는 맥도날드를 대표한다는 책임감으로 매장에서 고객이 있는 곳까지 메뉴를 안전하게 전달하면서, 거리에서는 교통법규를 준수하고, 고객과 만날 때는 친절하고 성실하게 응대해준 라이더들의 역할이 컸죠. 전에 없던 서비스였기 때문에 고객의 반응이 특히 좋았어요. 서비스 시행 초기부터 라이더 칭찬 글이 꾸준히 올라왔고, 일부 매장에서는 라이더 팬클럽이 생기기도 했죠."

한국의 맥딜리버리, 글로벌 베스트가 되다

한국맥도날드가 딜리버리 서비스를 시작한 지 16년이 흘렀다. 당시 딜리버리 분야에서 한참 앞서 있어 부러움과 벤치마킹의 대상이었던 이집트, 튀르키예, 싱가포르 등의 나라를 넘어서면서 한국맥도날드의 딜리버리는 글로벌 맥도날드에서 가장 성공적인 사례로 주목받고 있다.

"제가 군포산본DT점을 운영하기 위해 본사에서 나온 것이 2014년이었는데, 그때 이미 딜리버리 서비스를 시작하려는 세계 각국의 맥도날드에서 한국맥도날드의 딜리버리 서비스를 배우기 위해 찾아오거나 초청하며 자문을 구해 왔어요. 일본 등 가까운 아시아 국가뿐 아니라 중남미와 아프리카에서까지 찾아왔을 정도죠. 먼저 시작한 나라를 따라가는 입장에서 딜리버리 도입에 참여했던 사람으로서, 그 나라들을 앞질러 단연 최고의 딜리버리 강국으로 인정받게 되었을 때 정말 뿌듯했습니다."

이훈민 점주가 한국맥도날드의 딜리버리 서비스를 배우려는 세계 각국의 사람들에게 가장 많이 받은 질문은 단기간에 급성장할 수 있었던 이유가 무엇이냐는 것이다. 그의 답은 매장의 실행력이다. 비즈니스 플랫폼을 구축하고 시스템을 만드는 본사 MDS팀의 역할도 중요하지만, 실행하는 것은 결국 매장 팀의 몫이기 때문이다. 점장부터 크루와 라이더까지, 한국맥도날드의 일원으로서 자부심을 가지고 각자의 역할에 최선을 다하는 사람들이 있어 한국의 맥딜리버리는 오늘도 글로벌 베스트 서비스로 고객과 만나고 있다.

맥도날드 군포산본DT점에서
딜리버리 고객을 위해 메뉴를
포장하는 이훈민 점주

고객과 라이더,
사람과 환경을 생각하다

업계 최초의 자체 시스템 구축

2005년 맥도날드에 혁신적인 변화가 일어났다. 바로
24시간 매장 운영이 그것. 이제 언제든 고객들은 맥도날
드를 즐기게 되었으나, 아쉬운 점도 남아있었다. 바로 공
간의 제약이었다. 맥세권이라는 말이 생길 정도로 맥도
날드에 대한 관심은 컸지만 점포 수는 한정되어 있었다.
맥도날드는 고심 끝에 배달 시스템 개발을 시작했다.

맥도날드의 배달은 타 업계의 배달과는 차원이 달랐다.
바로 철저한 플랫폼화였다. 전화 응대, 크루와의 연계,
라이더 채용과 교육 등 모든 것을 자체 개발했다. 특히
모든 운영을 체계화하기 위해 자체 'MDS 콜센터'도 운
영했다. 2007년 포천점을 시작으로, 강남 등지로 맥도
날드의 배달 서비스가 확대되었다.

맥도날드의 배달 서비스는 '맥딜리버리 서비스(MDS,
McDelivery Service)'로, 배달 크루는 '맥도날드 라이더
(Mcdonald's Rider)'로 불리기 시작했다. MDS 시스템
은 도입부터 여러 기록을 양산했다.

업계 최초 자체 배달 시스템 구축
국내 최초 자체 라이더 신빌 및 교육
업계 최초 전국 직영 매장 '친환경 전기바이크' 100% 도입

MDS에 사회적 가치를 더하다

맥딜리버리는 시작과 동시에 큰 성공을 거두었다. 홍보를 하지 않았음에도 강남 지역에서만 하루 2,500통의 배달 주문이 접수되었다. 한국에서의 성공은 외국으로 전파되었다. 일본을 필두로 아시아 각 지역에서 한국의 시스템을 벤치마킹하기 위해 방문했다. 맥도날드는 MDS를 보다 정교하게 발전시켰다.

2012년   온라인 주문 홈페이지 오픈
　　　　　전화 외 채널 확대
2014년   모바일 맥딜리버리 사이트 오픈
　　　　　모바일 앱 출시

시스템 발전 외에도 사회적 가치도 한껏 높였다. 고용 확대를 위해 중장년층의 시니어 라이더를 확대했으며, 2018년부터 '바이크'를 친환경으로 교체해 나갔다. 그뿐만이 아니었다. 라이더들의 안전을 위한 교육 투자와 함께 '맥도날드 안전 지킴 캠페인'을 통해 속도, 신호 준수, 보행자 우선 배려, 보호장비 의무 착용 등의 약속을 시행했다. 모두 업계 최초의 일이다.

라이더들을 통한 사회공헌에도 앞장 섰다. 2013년 맥도날드 라이더 750여 명이 '서울시 마을파수관'으로 지정되었으며, 늦은 밤 골목길 등에서 여성들의 '안전지킴이'로 활동했다. 맥딜리버리가 차원이 다른 이유가 거기에 있다.

맥딜리버리에
사용되는 100%
무공해 친환경 바이크
ⓒ 한국맥도날드

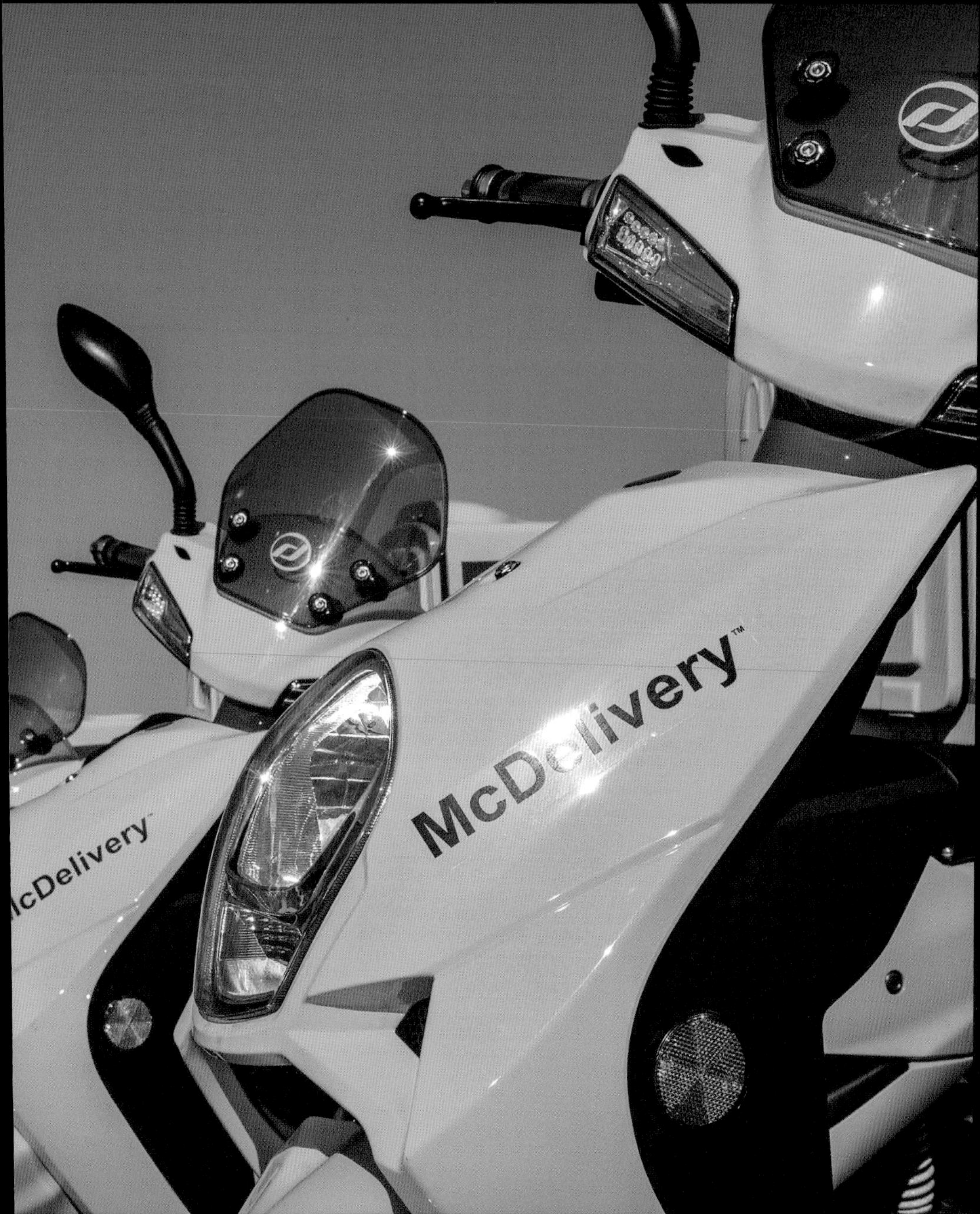
McDelivery™
McDelivery™

참 쉽죠잉~~~ 참 편리하죠잉~~~

McDrive

이렇게 편리한 세상,
탠덤 & 하이패스
맥드라이브

McDonald's Korea 35 Years

일요일 오전, 아이들의 성화에 맥도날드를
찾았습니다. 잠옷 차림으로 불고기
버거를 기다리고 있을 아이들을 생각하니
저도 즐거워집니다. 집 근처 맥도날드는
편리하기로 소문이 났습니다. 드라이브
스루를 두 대 동시에 할 수 있어서 기다린
적이 많지 않기 때문입니다.
앞 차량을 앞에 두고 스피커로 주문을
합니다. 스피커에서 들려오는 질문 하나가
저를 놀라게 합니다.
"하이패스로 결제하시겠습니까?"
디지털 기술 전문가인 저 또한 이런
시스템을 보면 놀라곤 합니다.
오래 걸리던 결제 시간이 사라지니 더 빨리
아이들에게 돌아갈 수 있습니다. 버거로
아점을 먹은 뒤, 바로 검색해 볼 생각입니다.
이 기술이 어떻게 개발된 것인지.
생각해 보면, 참 편리한 세상입니다.

@ 정보시스템감리사(CPPG) 신화식 고객님

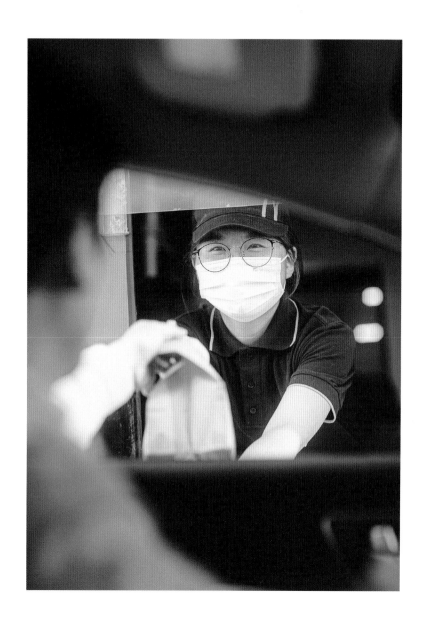

누군가는 편리해서,
누군가는 시간이 부족해서.
맥도날드는 늘 당신을 생각합니다.

당신을 생각하는 마음이 탠덤 드라이브 스루와 하이패스 결제 시스템으로 이어졌습니다.

모든 것은 당신 덕분입니다.

모두가 바쁘게 살아가지만, 그래서 일상도 바쁘지만,
지금 이 순간만은 여유로웠으면 좋겠습니다. 나의 공간에서 맥드라이브-

맥드라이브,
불편을 없애는 것이 혁신

'최초'를 만들고, '최초'를 '표준'으로

1992년 해운대점이 오픈했을 때의 일이다. 국내 최초의 드라이브 스루(DT) 시스템이 도입되자 해프닝이 벌어졌다. 진입로를 주차장으로 착각한 고객들이 차를 세워 놓고 그대로 가버린 것이다. 주차장도 흔하지 않던 시절, 드라이브 스루는 부산의 화젯거리였다.

이거 영화에서나 보던 거 아닌가?
차로에서 주문하고, 차로에서 받는다고? 그렇게 빨리?

드라이브 스루는 단순히 음식을 주고 받는 시스템이 아니었다. 주문, 요리, 포장, 계산 등 모든 프로세스가 정확하고 빠르게 이어져야 가능했다. 한국에 드라이브 스루가 점차 확산된 것은 그 이후로도 오랜 시간이 지난 1997년. 맥도날드가 드라이브 스루라는 용어와 새 시스템을 선보인 이후에도 약 5년의 시간이 지난 뒤였다. 많은 서비스 및 음식 매장들이 맥도날드의 시스템을 벤치마킹했다. 맥드라이브는 드라이브 스루의 '원조'인 동시에 '표준'이었다.

이후에도 맥드라이브는 진화를 거듭했다. 주유소, 의류 매장, 쇼핑몰 등과 연계된 맥드라이브를 선보였다. 고객은 식사, 쇼핑, 주유 등을 '원스톱'으로 즐길 수 있게 되었다.

미래형 DT, 탠덤 드라이브 스루와 하이패스

2019년 말부터 3년여간 전 세계를 강타한 코로나 팬데믹- 맥드라이브가 다시 큰 관심을 모은 것은 이 시기였다. 사회적 거리두기에 특화된 맥드라이브는 많은 고객을 매장으로 이끌었다. 2021년 맥드라이브를 찾은 차량 수만 4,300만 대에 달한다. 10년 전, 1,200만 대였던 맥드라이브 이용 차량이 무려 3.5배나 성장했다.

맥도날드는 이처럼 맥드라이브 고객 수가 증가하자 편의를 높이기 위한 노력을 배가했다. 그 결과, 2021년 국내 최초로 탠덤 드라이브 스루 시스템을 개발했다. 두 대의 차량이 한 번에 맥드라이브를 이용할 수 있는 시스템이다.

그뿐만이 아니다. 2023년에는 결제 시간을 크게 단축하는 하이패스 결제 시스템을 선보였다. 당시 시스템 개발에 참여했던 양영신 테크놀로지팀 팀장은 한 언론과의 인터뷰에서 이렇게 설명했다.

우리나라의 거의 모든 차량에 하이패스가 있었기에 어느 정도 준비가 되었다고 본 겁니다. 이전에는 톨게이트 외에 공공주차장 정도에서만 하이패스 결제가 이뤄지고 있었지만 소비재에서 하이패스 결제를 도입한 것은 맥도날드가 처음입니다. 그러다 보니 사실상 맨바닥에서 시작했다고 해도 과언이 아닙니다. 밴사, 카드사, 도로공사 등과 함께 협업하고, 시스템 개발 및 테스트를 하는 데에도 오랜 시간이 필요했습니다. 특히. 테스트에만 1년 정도가 걸렸습니다.

이러한 진심 덕분에 맥도날드를 이용하는 고객들의 만족도는 매우 높다. 고객의 입장에서 시스템을 돌아보고 생각하니 가능한 일이다. 고객을 위한 맥도날드의 혁신에는 진심이 담겨 있다. 그래서 맥도날드의 혁신은 '작은 불편을 없애는 것'에서 시작된다.

24 Hour Service

하루의 시작, 하루의 완성

McDonald's Korea 35 Years

브랜드가 사랑받기 위해서 맥도날드는
사람들의 행동 변화를 이해해야 했다.
(…) 장소, 목표 고객, 상황, 니즈에 따라
사람들은 어떻게, 언제, 어디서 먹을지를
결정한다. 사람들은 식당뿐 아니라 비행기,
기차, 자가용, 바, 책상에서도 먹는다.
쉬지 않고 하루 24시간, 주 7일 영업하는
장소가 세계적으로 증가하면서 맥도날드
역시 영업시간을 연장했다. 많은 매장이
영업시간을 더 늘리는 데 동의했고, 이
중 다수가 24시간 서비스를 제공한다.
맥도날드는 다양한 소비 패턴에 적합한
다양한 구매 방식과 장소를 제공하기 위해
노력했다.

@ Larry Light. Joan Kiddon, <SIX RULES FOR BRAND REVITALIZATION>

외롭지
않은 밤,

맥도날드를
생각하다

김용준

한경비즈니스 편집장

미국의 뮤지션 퍼렐 윌리엄스가 얼마 전 명품업체 루이뷔통의 남성복 크리에이터가
됐다는 외신 기사가 전해졌다. 패션을 담당하는 후배에게 물었다. "윌리엄스가
작업한 가장 유명한 음악(?)이 뭔지 알아?" 후배는 1초의 망설임도 없었다.
"모르겠는데요." 그걸로 끝이었다. "뭔데요"라고 묻길 기다렸지만 MZ세대답게
단문으로 끝냈다. 표정으로는 '저 인간 또 아는 척하려나 보다'라고 말하고 있었다.
그래도 여기서 중요한 것은 꺾이지 않는 마음. "잘 들어봐"라고 스토리를 들려줬다.
윌리엄스는 2000년대 미국 대중음악의 역사를 다시 썼다고 평가받는 인물이다.
힙합, 소울 등을 넘나들었다. 윌리엄스를 잘 모르는 사람도 'Happy' 란 노래를
들으면 '아 그 노래 알아'라고 한다. 하지만 그가 만든 작품 가운데 세상 사람들이
가장 많이 아는 음악(?)은 따로 있다. 맥도날드 징글 이다. "Ba da ba ba bah"
2000년대 초 어려웠던 맥도날드를 살린 캠페인 i'm lovin' it의 상징이기도 하다.
다 듣고 난 후배는 여전히 감흥이 없어 보였다. 쩝. 그래도 뿌듯했다. 명품, 디자이너,

'나에게 맥도날드에 대한 코드는 무엇일까' 잠시 고민했다.
답을 찾는 게 오래 걸리지 않았다. '연결'이었다.

힙합, 맥도날드, 징글이 연결돼 있다는 것을 아는 스스로가. 명품과 맥도날드, 이 어울리지 않는 조합의 매개자는 천재 뮤지션이었다.

얼마 전 맥도날드에 대해 질문을 받은 적이 있다. '나에게 맥도날드에 대한 코드는 무엇일까' 잠시 고민했다. 답을 찾는 게 오래 걸리지 않았다. '연결'이었다. 1980년대 후반 맥도날드가 한국에 들어왔다. 대학생이었다. 친구들과 만나기만 하면 농구를 하던 시절. 지금은 3분만 뛰어도 '이러다 죽을 수 있겠구나'라는 생각이 들지만, 그때는 하루 종일 코트 위에 있는 날도 있었다. 농구가 끝나면 부족한 단백질을 보충하기 위해 맥도날드로 향했다. 맥도날드는 당시 단순히 친구들과 연결해준 공간만은 아니었다. 해외여행 경험자가 드물던 시절, 맥도날드는 한국 젊은이들에게는 새로운 문화와의 연결점이기도 했다. 매장마다 젊은이들로 발디딜 틈이 없었던 이유다.

시간이 흐름에 따라 맥도날드는 평범한 브랜드로 변해갔다. 2010년 어느날 다시 맥도날드가 눈에 들어왔다. TV에 맥도날드 할머니가 등장한 것. 매일밤 맥도날드 광화문점을 찾아 밤을 보내고 아침이 되면 사라지던 노숙자 할머니. 손에는 세계적 신문 파이낸셜타임즈가 들려 있었다. 그가 2013년 연고자없이 쓸쓸히 세상을 떠났다는 소식이 들려왔다. 대학에서 불문학을 전공하고, 외교부에서 근무했던 그에게 맥도날드란 무엇이었을까. 24시간 문을 여는 맥도날드는 아마도 갈곳 없는 세상에서 추위와 더위를 피할 수 있는 안식처이자, 자신의 화려했던 과거와 연결해 주는 공간은 아니었을까.

개인적으로는 책을 쓸 때 24시간 문을 여는 맥도날드 덕을 보기도 했다. 2014년께였다. 책을 쓰면 보통 일을 마치고 저녁 7~8시께 카페 한곳에 자리를 잡는다. 빵과 커피를 시키고 작업 시작. 11시에서 12시면 대부분 문을 닫았다. 그건 가게 사정이고 나의 뇌가 오늘은 더 쓰라고 재촉하는, 정신이 또렷해지는 날이 있다.

12시가 넘어 글을 쓰려다 찾아간 곳이 맥도날드였다. 그 시간에 앉아서 공부하는 학생도 있었고, 멍때리는 사람도 있었고, 수다 떠는 사람들도 있었다. 책 쓰는 것은 의외로 외로운 작업이다. 남들 다 잘 때 혼자 무언가와 교감하고 있어야 하기 때문이다. 하지만 맥도날드 곳곳에 앉아있는 모르는 이들 덕에 새벽 두세 시에도 외롭지 않았다. 각자 자기 할 일을 하고 있지만, 왠지 이 시간에 깨어있는 사람들과 뭔가를 공유하고 있다는 느낌. 에드워드 호퍼의 작품 '밤을 지새우는 사람들'에서 등을 보이고 앉아있는 신사의 고독감을 느끼지 않을 수 있는 그런 공간.

음식은 본질적으로 생존과 관련이 있다. 하지만 배고픔이 해결된 시대에는 추억과 더 관련이 높아진다. 기억 가운데 굳이 끄집어내 그리워할 수 있는 그런 순간들. 맥도날드가 50대에게는 그런 공간이다. 하지만 20대와 30대에게는 라이프 스타일의 한 요소가 된 듯하다. 얼마 전 맥도날드 매장이 없는 안동에 사는 젊은이들이 버거를 먹기 위해 구미까지 간다는 뉴스를 봤다. 맥도날드가 도시의 노화를 보여주는 지표가 된다는 설명과 함께.

지난 주말 평소 휴일이면 오후 2~3시까지 퍼질러 자는 22살 아들 녀석이 웬일로 아침 9시쯤 일어나 아빠를 찾았다. 첫마디는 "배고파"였다. 엄마가 자고 있으니 아빠를 찾은 것. 뭐 먹고 싶냐는 물음에 대번 햄버거라고 답했다. 모자를 눌러쓰고 차를 몰고 가까운 매장으로 향했다. 가성비 좋다는 맥모닝 세트를 먹자고 했다. 하지만 녀석은 고개를 가로저었다. 그리고 빅맥 두개를 주문했다. 녀석에게는 여전히 '육식동물의 생존 본능'이 남아 있는 듯했다. 그러더니 "맥도날드가 가성비는 최고지"라고 중얼거렸다. 도대체 저 육식동물에게 가성비란 어떤 뜻일까 라는 의문이 들었다. 하지만 이 순간도 시간이 흐르고 나면 녀석과 나를 연결해주는 추억이 되지 않을까.

#

음식은 본질적으로 생존과 관련이 있다.
하지만 배고픔이 해결된 시대에는 추억과 더 관련이 높아진다.
기억 가운데 굳이 끄집어내 그리워할 수 있는 그런 순간들.

즐거운 하루, 맥도날드의 시간

심야에 불을 밝힌 골든 아치

새벽 4시, 모두가 잠든 시간. 맥도날드가 환하게 불을 밝히고 있다. 친구들과 어울리느라, 혹은 늦은 밤 야근을 하던 사람들이 이곳의 문을 두드린다. 24시간 늘 고객과 함께 하는 맥도날드의 밤 덕분에 새 문화가 생기기도 하고, 이상한 일이 벌어지기도 한다. 그 가운데 두 가지만 소개해보자.

일화 하나. 맥도날드로 해장해요 - 2005년 맥도날드가 24시간 오픈을 선언한 뒤, 이태원점을 취재한 한 언론은 고객들의 반응을 생생하게 전달했다. 그 가운데 하나. '이태원에서는 맥머핀으로 해장한다는 우스개가 있을 정도입니다.' 야식 목록에 맥도날드가 추가된 가장 큰 배경은 바로 24시간 오픈.

일화 둘. 2014년 6월 14일 밤 11시 55분. 소셜미디어에는 '슈퍼마리오를 노린다'는 글과 사람들의 줄선 행렬을 찍은 사진이 연이어 올라왔다. 노량진점, 교대점, 이수점, 서울역점 등이 그 무대였다. 맥도날드가 6월 15일 해피밀세트 상품으로 슈퍼마리오를 제공한다는 사실을 알고 늘어선 사람들.

아침에는 맥모닝, 점심에는 맥런치, 그리고 늦은 밤까지. 24시간 맥도날드를 즐길 수 있다. ⓒ 한국맥도날드

처음 24시간 오픈을 발표하자 의아해하는 사람들이 많았다고 한다. 한국인들이 늦은 밤이나 새벽에 버거를 먹을까? 그러나 맥도날드의 생각은 한결 같았다. 언제, 어디서든 고객에게 'Feel good moments'를 제공한다는 것. 2005년부터 시작된 24시간 오픈은 이러한 맥도날드의 철학에 가장 부합하는 변화였다.

하루의 시작, 하루의 완성

맥도날드가 맥모닝을 널리 알리기 위해 개최한 내셔널 브랙퍼스트 데이 이벤트. 이 행사가 열릴 때마다 이른 아침부터 소셜 미디어에 불이 붙는다.

"혜화역은 아직 무료입니다. 서두르세요."

"에그 맥머핀 받고 아메리카노는 천 원 주고 사 왔다. 일찍 나왔지만 피곤이 싹 사라진다."

"아침을 거의 먹지 못하는데 이번 행사를 통해 아침을 먹게 돼서 좋고, 공짜라 더 좋았다."

2013년 행사 때에는 1분당 1,600개의 맥머핀과 달걀을 요리하는 진기록을 수립했고, 총 26만여 개의 무료 아침 메뉴를 제공했다. 이제 맥모닝은 '언제 어디서나' 즐

거운 경험을 제공하겠다는 맥도날드의 상징으로 자리 잡았다.

아침 메뉴인 맥모닝이 시작된 것은 1971년의 일이다. 캘리포니아 산타바바라에서 버거 대신 개발한 아침 메뉴가 그 기원이다. 에그 베네딕트 샌드위치에서 영감을 얻어 치즈와 계란을 넣은 만든 잉글리시 머핀이 바로 그것. 1975년 이 메뉴는 '에그 맥머핀(Egg McMuffin)' 이라는 이름으로 맥모닝의 대표적인 아침 메뉴로 등극했다.

한국에 맥모닝이 처음 등장한 것은 2006년의 일이다. 오퍼레이션 담당 한연미 부사장의 이야기다.

출근길이나 등굣길에 부담 없이 맥머핀과 커피를 즐기는 사람들이 늘어나자 외식업계에서 아침 메뉴를 속속 선보였습니다. 맥모닝 이후 버거는 한 끼 식사 개념으로 여겨졌지요. 이제 간식이나 야식, 별식이 아니라 주식으로 올라선 겁니다.

'24시간 오픈'과 함께 저렴하게 즐기는 '맥런치', 거기에 '맥모닝'까지 출시되면서 레스토랑의 하루가 퍼즐처럼 완성되었다. 고객들은 맥모닝으로 아침을 가볍게 열었고, 맥런치로 즐겁게 점심을 해결했으며, 24시간 오픈 덕분에 어느 시간이든 편안한 식사와 커피, 디저트까지 즐길 수 있게 되었다. '언제, 어디서든.'

이른 아침, 매장에서 맥머핀과 커피를 즐기는 고객

Best Burger

맛을 위해 맥도날드가
이렇게까지 하는 이유

디테일의 차이가 바구의 차이!

McDonald's Korea 35 Years

베스트 버거를 준비하면서 미국 시카고
본사에서 철저한 교육을 받았습니다.
시카고의 2월은 늦겨울이 아니었습니다.
얼마나 추웠는지, 왜 미국인들이 시카고를
두고 Windy City라고 부르는지 짐작할 수
있었습니다.
베스트 버거는 세계에서 4번째, 아시아
최초로 도입된 혁신적인 맛입니다. 개발
당시에 러시아, 폴란드, 영국, 네덜란드, 라틴
아메리카 등 각국의 전문가들이 모여 실습도
하고 시식도 하는 시간을 가졌습니다.
처음으로 베스트 버거를 맛보았을 때
그 풍미를 아직까지 잊을 수 없습니다.
잘 준비해서 한국의 고객들에게 맛보게
해드리고 싶은 마음이 너무나 컸습니다.

@ 당시 베스트 버거 TFT 팀원들의 메시지

McDonald's Korea 35 Years

사람 중심의
가치로

정직하게
만들어

고객에게
최고의 맛을
선사합니다

이진희
한국맥도날드
McOpCo (직영점 담당) 이사

이주영
서울 상암DMC점
팀리더

글로벌 이니셔티브, 베스트 버거 도입 과정

이주영 팀리더 : 안녕하세요, 이사님. 제가 일하는 상암DMC점에 교육하러 오실 때 뵙고 이런 자리에서 다시 뵙게 되네요. 저희 매장은 직장인들이 자주 찾는데요. 어느 날, 고객이 오셔서 '버거가 전과 다르게 맛있어졌다'라고 먼저 이야기를 꺼내시더라고요. 먹어본 고객 모두가 변화를 느끼고 계신데요. 저희 매장에서 시범 운영되었던 '베스트 버거'가 그 이유라 생각합니다. 최고의 맛을 고객에게 전하는 베스트 버거는 어떻게 시작되었나요?

이진희 이사 : 베스트 버거는 고객에게 최고의 버거를 제공한다는 목표로 조리 과정과 조리 기구 등 버거를 만드는 전반적인 과정을 개선해 더욱 맛있는 메뉴를 고객에게 전하는 맥도날드의 글로벌 이니셔티브예요. 어떻게 하면 더 맛있는 버거를 만들 수 있을까? 그 답을 찾기 위해 글로벌 차원에서 오랜 연구 끝에 탄생한 것이 베스트 버거입니다. 처음에는 캐나다나 호주 등 버거가 주식이나 다름없는 일부 나라에 도입되었죠.

이주영 팀리더 : 정말 대단한 프로젝트였다고 들었습니다.

이진희 이사 : 한국맥도날드에서는 2018년 한국 진출 30주년에 맞춰 도입 준비를 시작했는데요. 각 부서원들이 참여한 한국 프로젝트팀은 글로벌 프로젝트팀과 긴밀한 관계를 가지며 미팅도 하고 미국 시카고 본사에 가서 교육을 받기도 했어요. 베스트 버거는 절차의 변화뿐 아니라 원재료의 레시피 변화도 필요했습니다. 공급업체는 물론 관련 투자도 준비되어야 하죠. 이들 과정을 2년간 진행했고, 2019년 8월에 파일럿 프로젝트로 이주영 팀리더가 일하고 있는 상암DMC점에 한국 최초로 베스트 버거를 도입하게 되었습니다.

이주영 팀리더 : 맞아요. 저희 매장이 한국에서는 최초, 전 세계적으로는 4번째로 베스트 버거를 도입한 매장으로 알고 있어요. 때문에 자부심도 크죠.

이진희 이사 : 전 세계적으로는 4번째, 아시아에서는 첫 번째 도입 국가예요. 시범매장은 상암DMC점을 시작으로 서울 경기 지역의 매장 4곳을 추가했지요. 도입을 준비하며 베스트 버거가 적용된 버거를 크루는 물론 모든 임직원이 시식하는 과정도 진행했는데요. 이를 통해 베스트 버거가 가져온 맛의 변화를 모두가 경험하게 합니다. 또 베스트 버거의 안정적인 정착을 위해 마인드셋 교육도 진행했는데 고객에게 최고의 버거를 제공할 수 있다는 마인드를 모두와 공유하는 시간이었다고 봅니다.

디테일의 차이가 버거의 차이

이주영 팀리더 : 고객들이 가장 큰 변화로 번, 고객
말로는 햄버거 빵의 변화를 가장 많이 이야기하세요.
풍미가 진해져 수제 버거 못지않은 맛을 느낄 수
있다고 하시죠. 이외에도 치즈를 템퍼링해 치즈 질감과
맛이 더 좋아지기도 했어요.

이진희 이사 : 베스트 버거는 작은 변화들로 맛에
큰 변화를 가져왔습니다. 우선 원재료의 변화가
있었습니다. 말씀 해주신 번인데요. 레시피를
업그레이드해 더 고소하고 쫄깃한 맛을 완성했지요.
베스트 버거 매뉴얼에는 번을 토스팅하는 온도와
시간이 규정되어 있는데요. 관련해 한국 도입 후
매뉴얼이 변경된 지점이 토스팅 온도였습니다.
서양에서는 오버쿡된 번을 즐겨먹는 반면 한국
사람들은 오버쿡된 번을 탔다고 생각해요. 입맛이
다른 거예요. 그래서 한국인이 좋아하는 번의
굽기 정도를 위해 매뉴얼에서 제시한 온도를 아주
미세하게 조절했고, 이 온도는 글로벌 매뉴얼에도
반영되었습니다.

이주영 팀리더 : 조리 방식도 달라진 것 같아요.
예전에는 건조 양파를 손으로 꼬집해 넣었는데,
지금은 쉐이크통을 이용해 일정한 양을 넣을 수 있게
됐어요. 빅맥을 만들 때는 조리된 패티 위에 건조
양파를 뿌리는데요. 양파향이 패티에 배어들어 풍미도
좋아졌죠. 치즈도 베스트 버거 도입 전에는 냉장고에서
바로 꺼내 사용했었는데, 지금은 템퍼링을 위해 2시간
전에 냉장고에서 꺼내놓아요. 주문이 많을 때는
냉장고에서 치즈를 꺼내는 것조차 일이었는데, 지금은
더 빠르게 조리할 수 있게 됐죠. 또 다른 변화라면
패티를 조리할 때 룩앤쿡(Look&Cook) 모니터를 확인
후 조리하게 된 거예요.

이진희 이사 : 시설 면에서의 변화인데요. 주방에
패티 조리 수량을 체크할 수 있는 룩앤쿡 모니터를
설치했습니다. 주문이 들어오면 패티 수량을 자동으로
계산해 조리할 패티 수를 룩앤쿡 모니터로 확인할 수
있게 한 거지요. 또 소스 용기를 바꿔 소스가 고르게
뿌려질 수 있게 했죠. 채소를 보관하는 바스켓도
전보다 사이즈를 줄였죠.
신선한 재료를 이용해 고객에게 최고의 맛을 선사하기
위한 변화들이죠. 고객 또한 베스트 버거가 가져온
맛의 변화를 누구보다 먼저 알아보셨습니다. 시범
매장을 통해 모니터링된 고객 의견 모두 버거가
이전보다 맛있어졌다는 반응이었죠. 홍보나 광고가
이루어지기 전 이미 고객에게 맛으로 인정받은 것이죠.
2020년 3월 26일 400개 매장에서 도입된 베스트
버거는 현재 모든 매장에서 적용되고 있습니다.

이주영 팀리더 : 광고나 홍보는 어떻게 진행하셨나요? 저희 매장의 경우 식사를 하시는 고객 테이블로 가 맛은 어떤지를 묻고, 이 맛에는 베스트 버거가 적용되었다는 안내를 해드렸어요.

이진희 이사 : 대대적인 광고를 시작했습니다. '디테일의 차이가 버거의 차이'라는 베스트 버거의 핵심을 정확하게 설명하는 광고를 맥도날드 청담DT점과 코엑스 벽면 광고판 등을 이용해 진행했어요. 이후 대만 등 타 국가에 수출할 정도로 베스트 버거의 핵심을 잘 표현한 광고였죠.

매 순간 고객 중심의 가치 실현

이주영 팀리더 : 저는 2018년 7월 크루로 일을 시작했는데요. 두 아이를 키우는 엄마로 주방 공간에 관심이 많아요. 일을 하다보니 크루의 동선에 최적화된 구조더라고요. 주방에도 글로벌 이니셔티브가 적용되었나요?

이진희 이사 : 맞아요. 이주영 팀리더도 알고 있듯이 맥도날드는 퀵서비스 레스토랑이에요. 우리의 서비스는 신속성에서부터 출발하는데요. 주문과 동시에 버거를 만들기 시작해 고객에게 더욱 신선하고 따뜻한 메뉴를 제공하기 위해 도입된 것이 '메이드 포 유'에요. 오픈 키친 형태로 주문과 동시에 빠른 시간 안에 버거를 만들기 위해 모듈화된 작업대를 설치한 겁니다. 2008년부터 시작된 프로젝트 진행을 위해 전국의 매장을 찾았던 기억이 있네요. 메이드 포 유의 성과라면 고객 취향에 맞는 버거를 제공할 수 있다는 거예요. 이미 조리된 버거는 고객의 요청 사항을 반영할 수 없지만 메이드 포 유가 적용되면서 고객 취향에 걸맞은 버거를 서비스할 수 있게 되었죠. 또 이를 통해 맥딜리버리 등 다양한 플랫폼과 연계도 가능해졌습니다.

이주영 팀리더 : 듣고 보니 메이드 포 유나 베스트 버거 모두 크루들이 '정직'의 가치를 실현하며 일하게 하는 것 같아요.

이진희 이사 : 재밌네요. 일하는 크루의 입장에서는 올바른 방식으로 일하는 것에 대한 접근일 수 있겠어요. 저는 프로젝트를 준비하고 도입한 입장이라 두 프로젝트 모두 '사람 중심'의 가치를 담고 있다고 생각했어요. 고객에게 최고의 맛을 선사한 것들이기 때문이죠. 창립 35주년을 기념해 그간 진행되었던 주요 프로젝트를 되짚어보니 맥도날드는 매순간 고객 중심의 가치를 실현해 왔네요. 그런 역사의 많은 순간에 저는 물론 이주영 팀리더, 그리고 모두가 함께했다는 점에서 자랑스럽습니다.

맛에 진심을 담는다, 우린 맥도날드니까!

주방, 시스템, 프로세스까지 바꾼 '메이드 포 유'
2014년 1월 24일, 국내 유수의 경제전문지 기자가 맥도날드 관훈점에서 크루 체험을 했다. 그는 약 1시간에 걸쳐 맥도날드의 철저한 'QSC & V(Quality, Service, Cleanliness and Value)' 교육을 받았다.

기자는 연신 놀라움을 표했다. 우선 전혀 소금을 뿌리지 않고 제공되는 100% 쇠고기 패티, 깨끗하고 우수한 식자재, 철저한 품질관리에 놀랐다. 그리고 그를 더더욱 놀랍게 한 것은 바로 최고의 맛을 만들기 위한 메이드 포 유 시스템. 게다가 1분 이내에 완벽하게 구현된다는 것. 며칠 후, 기자는 다음과 같이 보도했다.

맥도날드는 주문 전에 미리 음식을 만들어 놓지 않는다. 고객의 주문과 동시에 음식을 만들기 시작하는 '메이드 포 유(Made For You)' 주방 시스템의 원칙을 지킨다. (...) 따끈따끈하게 갓 구워진 버거 빵 위에 오리지널 소스를 소스건으로 뿌리고, 양상추와 토마토, 바삭한 베이컨, 그릴 어니언 위에 갓 구운 패티를 올리자 1955 버거가 완성됐다. 층층이 쌓는 순서와 양에도 원칙이 있었다. 좋은 맛을 유지하기 위해서는 적정한 소스와 채소들의 적당한 간격 그리고 갓 구워진 빵이라는 원칙을 지켜야 한다.

"식은 빵은 안 됩니다. 소스도 정확한 양만 나오도록 소스건을 꼭 사용해야 해요. 정확한 양이 중요합니다."
가장 맛있는 버거는 매뉴얼에 담겨 있는 빈틈 없는 원칙에서 시작했다. 여기에 크루의 정성이 한 방울 첨가돼야 하는 것은 두말할 나위가 없다.
@ 한국경제 2014년 02월 07일

한 번이라도 크루 경험을 한 사람들은 이구동성으로 말한다. '이렇게까지 맛을 위해 정성을 다하는지 몰랐다고.' 그 대표적인 사례가 바로 메이드 포 유 시스템이다. 주문과 동시에 요리를 시작, 1분 안에 따뜻한 제품을 제공하는 것. 세상에서 가장 맛있는 음식은 '바로 요리한 것을 먹는 것'이기 때문이다. 맥도날드는 이러한 시스템을 완성하기 위해 오랜 시간 연구를 거쳤고, 주방 설비, 크루 동선 등을 모두 바꿨다. 물론 국내 최초의 시스템이었다.

동종업계에서는 이 시스템을 알면서도 한동안 흉내조차 내지 못했다. 모든 것을 바꿔야 가능한 시스템이었기 때문이다.

아시아 최초 개발, 맛의 정점 '베스트 버거'

2020년 일본 맥도날드 마니아들 사이에 한국 여행 붐이 일었다. 아시아에서 처음으로 베스트 버거가 한국에서 출시되었기 때문. 세계 전체로 따져보아도 베스트 버거가 도입된 것은 한국이 4번째였다. 과연 베스트 버거란 무엇일까? 최현정 셰프의 말이다.

"맛있는 버거는 맛의 균형이 가장 중요합니다. 버거를 먹을 때, 가장 먼저 입에 닿는 번부터 마지막 소스까지 맛의 밸런스를 유지하기 위해서는 식재료, 버거 제조 과정, 조리 장비의 역할이 모두 중요합니다. 베스트 버거는 모든 요소가 완벽한 조화를 이룰 수 있도록 전반적인 프로세스를 개선한 결과물입니다."

베스트 버거는 전 세계 맥도날드 셰프들이 공들여 만든 맛의 결정체다. 번에서부터 소스 배합과 비율에 이르기까지 가장 맛있는 버거가 되도록 연구개발이 이루어졌다. 베스트 버거를 한국에 도입하기 위해 맥도날드는 약 2년에 걸쳐 연구개발, 고객 평가, 시스템 개선, 크루 교육 등을 진행했다. 맥도날드 TFT 직원들은 미국을 비롯한 세계 각지를 방문했고, 한국의 소비자들을 대상으로 최상의 맛을 찾기 위한 조사와 시험과정을 반복했다. 2020년 맥도날드의 버거에 도입된 베스트 버거에는 어떤 특징이 있을까?

"번은 굽는 시간을 5초 더 늘렸고, 글레이즈 코팅까지 했어요. 공기에 노출되더라도 촉촉하게 만든 거죠. 패티는 불맛과 육즙을 더 풍성하게 느낄 수 있도록 개선했고, 채소는 보관량을 60% 더 줄여 신선도를 높였습니다. 빅맥의 경우에는 패티를 구울 때, 양파를 뿌리는 것으로 조리방식을 바꿨죠. 단맛과 향이 더 잘 묻어나도록 한 겁니다. 치즈도 가장 적절하게 녹는 온도(약 17.5도)를 명확하게 제시했죠. 이런 디테일의 차이가 베스트 버거를 만든 거죠."

베스트 버거는 한국 도입 이후, 고객들로부터 큰 인기를 끌었다. 대대적인 홍보를 하지 않았음에도 고객들이 먼저 변화를 알아차렸다. '빅맥의 맛이 좋아졌다'는 소셜 미디어에서의 반응이 이어졌다.

작은 디테일까지 놓치지 않는 것- 더 즐거운 경험을 제공하기 위한 맥도날드의 노력에는 마침표가 없다. 맥도날드는 맛과 음식에 진심으로 '진심'을 담는다.

베스트 버거, '메이드 포 유' 시스템
최고의 맛을 이끄는 시스템이다.
그리고 또 하나의 요인, 맥도날드의
식재료는 최고 품질을 자랑한다.
ⓒ 한국맥도날드

Best Burger

1

**숫자로 보는
베스트 버거의
비밀!**

1
아시아 최초로 도입

4
세계 네 번째로 도입

50
빅맥 소스를 50% 늘려
더 빈틈없이

9.4
위아래 그릴 사이를
9.4% 더 넓게

60
보관량을 60% 줄인
소량 보관 방식

3.5
패티를 구울 때 뿌리는
양파 3.5g

17.5
치즈 준비 온도
평균 16~19℃

글레이즈 코팅된 번

맥도날드는 글로벌 소비자 조사를 거쳐 '겉은 윤기나고 속은 부드러운 번이 이상적'이라는 결론을 도출했다. 이후 이러한 번을 만들기 위해 노력한 끝에 글레이즈 코팅과 토스팅 방법을 찾았다. 글레이즈 코팅은 보기에도 좋고 뜨거운 열기와 수분을 그대로 가둬, 촉촉하며 폭신한 식감을 제공한다.

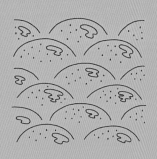

한국을 배우러 온 세계

'메이드 포 유' 시스템이 도입되자 이를 배우기 위해 많은 나라에서 한국맥도날드를 찾아왔다. '메이트 포 유'는 주방 시스템과 동선을 모두 바꿔야 한다. 일본에서도 벤치마킹 목적으로 한국을 찾았다.

아시아 스탠다드, 한국맥도날드의 버거 번

베스트 버거와 관련된 흥미로운 사실 하나! 한국맥도날드는 베스트 버거를 위해 오랜 기간에 걸쳐 버거 번을 개발했다. 그 이후, 아시아에서 베스트 버거를 출시하게 되면, 한국맥도날드의 버거 번이 표준으로 사용되고 있다.

체크리스트만 100여 종

맛있는 버거의 전제 조건은 '위생'과 '안전 관리'. 맥도날드는 식품 안전 체크리스트를 통해 안전사항을 확인한다. 대표적인 것만 몇 가지 소개하면, '주방에서는 30분마다 손을 씻어야 한다', '조리 시 장갑은 식재료에 따라 다르게 사용해야 한다', '기름은 수시로 산가를 체크하고, 기준 산가를 넘으면 곧 바로 교체해야 한다', '얼음은 총 3번의 필터링을 거치고, 드링크류는 2가지 종류의 필터를 통해 청결을 유지해야 한다' 등이다.

Memory

맥도날드는
추억이다

금빛 추억이 가득 담긴 행운버거

이수진 고객님 @ 10대 학생

맥도날드하면 대부분 빅맥이나 불고기 버거, 상하이 버거 등을
떠올리겠지만, 저는 행운버거가 먼저 생각납니다. 이 버거는 연말과
새해에만 판매되기에 모르는 친구들도 꽤 있는 편입니다. 그래도
저에게는 최애 버거가 되었답니다.

초등학교 다닐 때 부모님은 이혼하셨고, 저는 아버지와 살게 되었습니다.
그때 아버지는 매우 바쁘게 일하셨기에 나이 어린 동생을 돌봐야 하는
때가 많았습니다. 힘들기는 했지만 동생을 다독이며 행복한 삶을 꿈꾸곤
했지요.

어느 날인가, 어린이 만화채널을 보는데, 눈길을 잡아끄는 광고가
있었습니다. 바로 행운버거 광고였어요. 그때 맥도날드에 가게 된다면,
반드시 저 버거를 먹어야겠다고 생각했습니다. 광고 카피가 너무나 가슴
설레게 했고, 두근거리는 기분까지 안겨주었기 때문입니다.

'새해에 금빛 행운이 가득 하길…'

그로부터 얼마 뒤인지는 정확히 생각나지 않지만, 아버지와 함께
맥도날드 매장을 찾게 되었습니다. 아버지께서 "뭐 먹을까?"라고 묻기도
전에, 전 손가락으로 행운버거를 가리켰습니다. 아버지도 행운버거를
주문하시더군요.

포장지를 펼치는데 너무나 맛있는 냄새가 났습니다. 냄새로 맛을 느낄 수
있다는 생각이 문득 들었습니다. 그리고 한 입 베어 먹었을 때의 그 느낌,
그 기억이 왜 이렇게 오래 남아있는지 모르겠습니다. 부모님의 관심과
사랑이 필요했던 그때, 아버지와 함께 행운을 기대하면서 먹었던 그 감정
때문이 아니었나 생각해 봅니다.

지금도 새해가 되면 무의식적으로 행운버거를 찾습니다. 행운이
습관처럼 내 몸에 가득 하길 바라면서요.

우리들 우정의 상징은 '빅맥송'

박소영(소마토) 고객님 @ 20대 학생

제가 고등학생이었을 때, 흥미로운 이벤트가 화제였습니다. 맥도날드에서 일반인을 광고 모델로 캐스팅한다는 소식에 제 마음은 부풀어 올랐습니다. 소위 '빅맥송 부르기' 이벤트였죠. 솔직히 말씀 드리면 당시 저는 시골에 살고 있었기에 맥도날드에 가본 적도 없었고, 당연히 빅맥을 구경도 해본 적이 없었습니다. 그러나 TV를 통해 듣게 된 멜로디와 가사가 흥미로워 친근감이 드는 제품이었어요. 평소라면 그냥 지나쳤을 이벤트였지만 갑자기 '혹시 모델이 될 수 있지 않을까'라는 기대감이 들었답니다. 저는 단짝 친구에게 빅맥송 영상을 찍자고 몇날 며칠을 꼬셨습니다. 친구의 승낙을 받고 연습을 하다가 흐지부지 끝나고 말았지만, 먹어보지도, 보지도 못한 빅맥이 오랫동안 입에 붙어 있었답니다.

그렇게 행복한 학창시절을 보내던 어느 날, 저와 친구 사이에 작은 오해의 싹이 움텄습니다. 한창 예민하고 연약했던 시기 탓인지 우리의 우정에는 금이 가고 말았습니다. 누구보다 가까운 사이였던 친구가 누구보다 멀게 느껴지는 사이가 되어버린 거죠. 결국 우리는 졸업식 때까지 사진 한 장 같이 찍지 못한 채 헤어지고 말았습니다.

2013년 우리는 대학생이 되었고 저는 새로운 친구들을 만나 새로운 추억을 만들게 되었습니다. 그 사이 M자가 반짝이는 맥도날드 매장에 가서 그토록 먹어보고 싶었던 빅맥도 맛보게 되었습니다. 그럴 때마다 떠오르는 친구, 생각해보니 제 마음 한 켠에는 언제나 그 친구가 있었습니다.

그리고 어느 날 페이스북에서 그 친구의 모습을 발견했습니다. 늘 생각만 했던 친구, 늘 아쉬운 기억으로 남아있던 친구. 학교 생활은 잘 하고 있는지, 새로운 친구들은 많이 만났는지 궁금한 게 너무 많았습니다. 그러나 이미 멀어져버린 옛 친구에게 어떻게 말을 걸어야 할지 도무지 생각이 나지 않았습니다.

연락을 하고 싶은데, 어떻게 시작해야 할까. 혹시 쌀쌀맞은 응대라도 한다면 어떡해야 할까. 핸드폰을 붙잡고 오래오래 망설였습니다. 그러다가 문득 빅맥송이 떠올랐습니다. 그 친구와 함께 불렀던 빅맥송. 왁자지껄 웃음을 주었던 빅맥송-저는 몇 년 간의 정적을 깨고 메시지를 보냈습니다.
"참깨빵 위에…"
놀랍게도 몇 분 뒤 답장이 왔습니다.
"소고기 패티 두 장?"
갑자기 눈물이 쏟아졌습니다. 저에게 빅맥송이 그 친구와의 우정이었듯, 그에게도 빅맥송은 저와의 우정이었던 겁니다. 그렇게 저와 친구는 다시 만났고, 다시는 헤어지지 않을 단단한 우정을 쌓아가고 있습니다. 빅맥송은 우리들 우정의 상징으로 남아있습니다.

그 시절, '맥도날드앓이'를 아시나요?

장영은 고객님 @ 30대 주부

때는 바야흐로 1990년대, 저는 당시 미취학 아동으로 대구에 살았습니다. 그 어린 시절, 제가 손꼽아 기다리는 날들이 있었습니다. 바로 부산 외할머니 댁에 놀러가는 거였죠. 저는 대구에 살았는데, 외할머니는 저를 엄청 이뻐하셨기에 부산에 가는 것이 그렇게 즐거웠답니다. 특히 가장 기대했던 것은 바로 맥도날드-

삼촌의 당시 여자친구(지금은 숙모가 되셨답니다.)는 저를 만나면 항상 맥도날드에 데려가주셨습니다. 제 기억 속의 맥도날드는 그렇게 시작되었습니다. 그렇게 맥도날드를 갔다 오기만 하면 한동안 맥도날드앓이를 했던 것 같습니다. (특히 후렌치 후라이는. 어린 기억에 가히 충격적... 밀크 쉐이크와 함께...) 제 기억에 그때에는 대구에 맥도날드가 없었던 것 같아요. (사실 있었다 해도 부모님께서 자주 못 먹게 하려던 게 아닐까... 란 생각을 지금에서야 해봅니다...)

맥도날드에 대한 제 그리움은 초등학교 때에도 계속되었습니다. 3-4학년이 되었을 무렵, 당시 대구의 모든 초등학생들의 핫플 생일파티 장소는 단연 맥도날드였습니다. 그때까지도 저는 맥도날드에서 생일파티를 한 번도 못해 본 아이 중 한 명이었지만요. (이때부터 맥도날드 결핍이 있었던 게 아닐까 의심하고 있습니다.)

어느덧 성인이 되었고 서울에 상경해서는 한동안 맥도날드를 잊고 살았습니다. (서울은 먹을 거 별천지...) 직장인이 되어 서울에 자리를 잡고, 일에 찌들어 하루하루 버티고 있던 무렵, 우연히 이사간 동네는 맥세권이었습니다. 그때부터 지금까지 하루의 마무리는 항상 맥도날드였어요. 요즘은 퇴근이 너무 늦어져서 평일엔 못 먹지만 (사실 먹을 순 있지만 저녁이 아니라 너무 늦은 야식 수준이 되어버린 관계로...^^) 제 주말의 아침 루틴은 항상 맥모닝입니다. 더블 치즈버거, 배.에.맥 못 잃어...

참... 저는 또 아미인데요*^_^* 맥도날드가 방탄과 함께 콜라보를 했을 땐 정말이지... 눈물겨웠답니다... 소울푸드와 최애 아이돌의 콜라보라니. ㅠㅠ

맥도날드와 함께였던 추억을 적다 보니 벌써 이만큼이네요. 항상 맛있게 먹고 있어요. 앞으로도 즐겁고 행복한 추억을 계속 만들어 주기를 기대합니다. 사랑해요! 맥도날드!!!

맥도날드에 담긴 35년의 추억

황대원 고객님 @ 40대 회사원

엄마 손을 꼭 잡고 새로 생긴 버거 가게에 찾아갔던 1988년 그날을
기억합니다. 처음 먹어본 버거는 6살 꼬마의 머리 속에 센세이션을 일으켰죠.
그때 떠오른 생각은 딱 이거였지요.

'아! 여기가 미국이구나!'

그날부터 매주 월요일은 제가 가장 기다리는 날이 되었습니다. 아빠와 버거
세트를 먹고, 동네 목욕탕에 가는 즐거움- 어린 저에게 맥도날드는 맛과
추억이 함께 스며든 공간이 되었습니다. 지금도 선명히 떠오르는 장면과,
얼굴들이 있습니다.
꼬마 시절 갈 때마다 귀엽다며 딸기맛 아이스크림을 챙겨주시던 매니저 님,
쟁반을 들고 계단오르는 게 서툴러 음식을 모두 쏟아버렸던 초딩들에게
속상해하지 말라며 흔쾌히 새 버거를 내어주신 매니저님도 참 고마웠어요.
메뉴 4-5개가 전부였던 시절부터 시작해서 매장 앞 로날드 벤치에서 해피밀
장난감을 모으며 즐거워했던 그 순간이 왜 이리 소중하게 남아있는지.
학교를 졸업하고, 성인이 되어 친구들과 술 한 잔 한 뒤에도 저는 맥도날드를
찾곤 했습니다. 해장으로 먹었던 버거 한 입, 퇴근하며 들러 저녁으로 먹은
더블 치즈버거의 맛도 오래오래 기억에 남아 있습니다.
(지금은 사라졌지만) 압구정점을 비롯해 학동사거리의 청담DT점 등
맥도날드에는 제 인생의 많은 추억이 담겨 있습니다. 35년의 세월이 흐른
지금도, 감자튀김을 좋아하는 아내와 함께 맥도날드를 찾습니다. 아이와 함께
맥도날드에서 소중한 기억을 담아주고 있습니다.

첫사랑, 첫 경험, 첫 맥도날드

김신철 고객님 @ 50대 작가

1980년대 후반은 격변기였다. 서울 곳곳은 시위 현장으로 변하는 경우가 많았고 미국문화에 대한 반감도 거센 편이었다. 그런 분위기 때문인지 나 또한 맥도날드를 비롯한 버거 매장을 찾은 적이 없었다. 그러던 어느 날, 한 친구가 당시 대학가에 흔했던 소개팅을 주선하겠다고 나섰다. 그 친구가 전해준 쪽지에는 '종로 맥도날드'라는 장소와 시간이 적혀 있었다.

"왜 하필 여기야?"

"글쎄? 장소는 그쪽에서 정했는데."

그 말을 듣자 순간 든 생각은, '혹시 미국문화에 겉멋 든 얼치기 아냐?' 한 번 만나나 보자는 생각에 생애 처음으로 맥도날드를 찾아갔다. 그날은 토요일 오후였는데, 매장에는 사람들이 가득해 그야말로 북새통 수준이었다. 처음 가본 곳이라 뭘 어떻게 해야 할지 몰라, 이리저리 사람들에게 치이며 구석에 서 있는데, 한 여자를 발견했다. 작은 키에 커트 머리, 뿔테 안경까지 쓴 어찌 보면 촌스러운 모습이었다. 혹시나 싶어 이름을 물었더니, 내가 만나려고 했던 바로 그녀였다. 우리 둘은 서로 멋쩍은 웃음을 터뜨렸고, 가까스로 카운터 앞에 섰다. 그녀 역시 맥도날드는 처음이었고, 우리는 주문을 어떻게 하는지도 몰라 망설였다. 어떻게든

나서야겠다는 생각에 가장 비싼 버거 세트를 주문했다. 나중에 알았지만 빅맥 세트였다. 가까스로 자리를 잡고 버거를 받아 왔는데, 그 양과 무게에 우리는 압도되고 말았다. 포장지를 벗겨내고 한 입 물었지만, 그 맛은 채 느끼지도 못했다. 평소 같았으면 손가락에 묻은 소스를 빨아 먹었을 텐데, 불결해 보일까 신경 쓰느라 채 절반도 먹지 못했다. 그녀 역시 많은 양을 남기고 자리에서 일어섰다. 우리는 종로를 걸으며 많은 이야기를 나눴다. 촌스러워 보였던 첫인상은 수수하고 깨끗한 이미지로 차차 변해갔다. 그날 이후, 나도 첫사랑의 경험을 갖게 되었다.

약 한 달의 시간이 지난 뒤, 우리는 다시 맥도날드 종로점을 찾아갔다. 우리는 익숙하게 빅맥 세트 하나와 햄버거 하나를 주문해 나눠 먹었다. 그때서야 이렇게 물었던 기억이 난다.

"근데 왜 맥도날드에서 만나자고 한 거야?"

그때 그녀는 이렇게 대답했다.

"한 번 꼭 가보고 싶었거든."

아쉽게도 그로부터 2년 후, 대학 졸업과 함께 그녀는 유학을 떠났고 우리는 헤어졌다. 지금은 TV 토론 프로그램을 통해 간혹 볼 수 있는 그녀- 맥도날드 종로점은 첫사랑의 기억과 함께 오래오래 내 가슴에 남아있다.

영업 현장에서 맛본 30년 전 빅맥

김성호 고객님 @ 60대 자영업

1990년 당시 유명 부엌가구의 대리점 관리사원으로 근무할 때였다. 강남의 대리점을 방문했는데, 대리점 사장님께서 콜라와 함께 버거를 드시는 중이었다. 나는 전시장에서 음식 드시면 안 된다고 핀잔을 주었지만, 사장님은 껄껄 웃으며 이렇게 말씀하셨다.

"왜 자네도 먹고 싶어? 하나 사 줄까?"

나는 손사래를 치며 자리에 앉았다. 솔직히 그렇게 큰 버거는 처음 보았던 터라 맛이 궁금했다. 포장지를 슬쩍 보니 'Big Mac'이라고 적혀 있었다. 며칠 뒤, 우리 부엌가구 광고가 신문 지상에 실렸다. 그 광고를 오려 스크랩을 할 때, 옆면에 적힌 광고가 눈에 들어왔다.

"광고를 오려오면 빅맥 한 세트를 더 드립니다."

맥도날드 광고였는데, 빅맥 세트가 가위 절취선과 함께 그려져 있었다. 갑자기 사장님이 드시던 버거가 떠올랐다. 주변 사람들 모르게 광고를 오려 주머니에 넣어두었다. 며칠 후, 다시 대리점에 찾아갈 일이 생겼다. 사장님과 약속을 한 뒤, 맥도날드 압구정점을 찾아가 두 세트를 포장한 뒤 대리점을 찾아갔다. 한창 서류 정리를 하고 있던 사장님을 보고 자랑스럽게 빅맥 세트를 들어보였다.

"사장님 같이 드시죠."

그런데 사장님 표정이 난감해 보였다. 테이블 위를 보니, 그 위에도 빅맥 세트가 두 봉지 놓여있었다.

"자네 오면 같이 먹으려고 나도 사놨는데. 허허"

너무나 고마웠지만 나도 모르게 이렇게 말했다.

"사장님, 전시장에서는 음식 드시면 안 된다니까요!"

"자네가 싸온 건 뭐야? 그나저나 이거 다 먹으면 배탈 나겠는걸?"

우리는 그날 원없이 맥도날드를 즐겼다. 배도 불렀지만, 사장님의 배려가 더 큰 포만감을 안겨주었다. 그때 커다란 빅맥을 다 먹었는지는 생각나지 않는다.

사장님과는 이후로도 20여 년을 함께 일했다. 비록 몇 년 전에 작고하셨지만, 지금도 사장님과 함께 했던 영업 현장이 떠오른다. 배부르게 먹었던 빅맥의 추억과 함께.

Hamburger University

맥도날드의 교육, 인생을 배웠다

Hamburger University

오늘도 열심히 공부하러 가야겠다~~

수능을 마치고 돌아오는 길, '맥도날드 신월DT점
오픈 예정'이라는 현수막을 발견했습니다. 사회 경험을
해야겠다는 생각에 크루로 일하게 되었습니다. 매장
오픈 전이라 근처 타 지점 매니저팀의 체계화된
교육과 절차를 인상 깊게 배웠습니다. 군 복무를 위해
잠시 떠났다가 제대와 함께 다시 재입사했고, 지금은
한 매장의 부점장으로 재직 중입니다. 제가 받았던
그 체계적인 교육이 지금의 저를 만들지 않았나
생각합니다.

@장형준 합정메세나폴리스점 부점장님

친구와 함께 맥도날드 이수점에서 크루로 일했습니다.
처음에는 뜨거운 김과 기름이 두려웠는데, 점점
흥미가 생겼습니다. 열심히 노력하다 보니 포스도
병행하게 되었고, '이달의 크루상'도 받았습니다.
매니저와 점장에 대한 꿈도 생겼지만, 사정상 그만
두게 되어 너무 아쉬웠습니다. 맥도날드에서 그때
받았던 교육을 바탕 삼아 지금도 요식업에 종사하고
있답니다.

@ 도라에몽 고객님

179

철저한 교육
시스템,

모두가 웃으며
정직하게
일하는

오늘을
가능케 합니다

김선주

맥도날드 대전 한남대DT점·터미널점·목원대점·
카이스트DT점·신탄진DT점·유천DT점·유성DT점,
전주 중화산DT점·인후DT점, 원주 단구DT점·
단계DT점, 제천DT점 점주

목표에 다다르기 위해 맥도날드를 공부하다

2008년 글로벌 금융위기는 김선주 점주가 미국
생활을 정리하고 또 다른 시작을 준비하게 된
이유였다. '당신이 보수적인 사람이라면 맥도날드에
투자하라.' 15년이 지난 지금도 똑똑히 기억하는
포브스지(Forbes)의 맥도날드 광고 카피는 그를 매장
점주까지 이르게 했는데, 맥도날드라는 기업을 확실하게
각인시키는 역할을 했다.

"맥도날드 주식을 사는 대신 매장 점주가 되자고
생각했습니다. 미국맥도날드에 점주 지원 상황을
알아본 결과, 면접 순번을 기다리는 데만 5년이
걸리더라고요. 미국 생활을 정리하고 한국 생활을
준비하고 있던 터라 한국맥도날드에 이메일로 관련
문의를 했지요."

인연이 되려는지 당시 한국맥도날드에서는 프랜차이즈
점주를 모집했고, 소식을 확인한 그는 가장 빠른
비행기를 타고 한국에 도착했다. 미국만큼이나
맥도날드에 대한 한국 사람의 관심 또한 뜨거웠는데,
면접 경쟁률만 1,000대 1에 이를 정도였다. 대전에
머물던 김선주 점주는 매일 집 근처 도서관을 찾아
맥도날드를 공부했다. 이 시간 동안 그는 『2달러의
기적』 등 관련 서적을 탐독했고 구글에서 찾은
맥도날드 관련 항목을 숙독했다.

"서류 전형, 과장·팀장·이사 면접 후에는 보드
미팅이 진행되었습니다. 지원자들이 서로 답하는
시간이었는데요. '망한다면 어떻게 하겠냐?'라는
질문이 아직도 잊히지 않을 정도로 신랄한 질문이
오고갔죠. 션 뉴튼 대표이사와의 면접을 끝으로
면접에 합격했습니다."

점주라는 기회를 얻기 위해 한 공부가 스스로의
능력치를 높이는 것이었다면 이후 김선주 점주는
체계적이고 효과적인 교육으로 맥도날드의 핵심
가치에 가닿는다.

9개월간의 점주 교육으로 '정직'을 익히다

김선주 점주는 맥도날드의 교육이 타 브랜드에 비해
철저하다는 것을 잘 알고 있었다. 그럼에도 하루 8시간
9개월간 진행된 교육에 집중할 수 있었던 이유가
있었는데, 바로 교육매장 선정 원칙이었다.

"교육매장 선정 원칙은 거주지와 가장 가까운
매장을 교육장으로 삼는 것인데요. 지금은 없어진
대전타임월드점이 집에서 제일 가까운 곳이었습니다.
점심시간을 포함해 하루 9시간 동안 교육을
받았습니다. 교육은 각각 3개월마다 업무를 바꿔
진행되었는데요. 첫 3개월은 크루 교육을, 이후
3개월은 각각 DM매니저, 점장 교육을 받았죠. 크루
교육 때는 크루들과 함께 일했고, DM매니저 교육을
받을 때는 아르바이트생 면담, 스케줄 관리, 물품
주문 등을 배웠습니다. 점장 교육 때는 수익 관리,
재무, 리더십 등을 익혔죠. 각각의 역할을 맡아 일하며
매장의 모든 업무를 익혔고 매장에서 일어날 수 있는
여러 다양한 일에 대처할 수 있는 능력을 키울 수
있었습니다."

여전히 김선주 점주의 기억에서 잊히지 않는 시간은
크루 교육 때다. 크루가 되어 유리창 닦기는 물론
버거 만들기, 재료 쌓는 방법 등을 배웠는데, 그중
김선주 점주가 혀를 내둘렀던 순간은 쓰레기봉투를
씌우는 일을 배울 때였다. 당시 35살이었던 그가
'쓰레기봉투 하나를 못 씌울까'라는 생각을 할 정도로

점주 교육은 작은 부분까지 철저했다. 그렇게 3개월
간 각각의 업무를 몸소 겪어내면 매 단계마다 시험을
치렀는데, 이 시간은 매장에서 배운 내용들을 제대로
습득했는지를 확인하는 과정이었다. 시험은 매장 교육
때나 한국맥도날드 본사에서 이루어진 교육 기간
동안 끝없이 이어졌는데, 그는 셀 수 없을 정도로 많은
시험을 봤다고 기억했다.

"이렇게까지 교육을 해야 할까라는 생각이 들었지만
당연한 일이었습니다. 아무것도 모르는 사람을
매장 운영자로 만들어야 했으니 교육이 치밀하고
세밀할 수밖에 없었죠. 또 점주가 정직하게 일하지
않으면서 직원에게 올바른 방식으로 일하라고 말할
수는 없으니까요. 그때 교육을 통해 식품을 책임지는
자로서 올바른 방식으로 일하는 방법과 매장 운영
원칙을 제대로 정립할 수 있었습니다."

그렇게 9개월간의 교육을 마친 김선주 점주에게 매칭된
첫 매장은 그가 교육을 받았던 대전타임월드점이었다.

성장의 든든한 기반이 되다

2011년 4월 19일 점주가 되어 매장을 운영하기 시작한
그는 다음해 지난 1년간의 매장 운영을 평가하는
'오너리뷰보드'를 통과했고, 2012년에는 2번째 매장인
전주 중화산점을, 그 다음해인 2013년에는 2개의 매장을
매칭받는다. 이후에는 7개 매장을 새로 지어 오픈했는데
대전 카이스트DT점도 그중 하나다. 그는 현재 12개의
매장을 운영하는데 7개 매장은 대전, 2개의 매장은
전주와 원주, 1개 매장은 제천에 자리해 있다.

"정규직 직원 45명을 포함해 500여 명이
12개 매장에서 일합니다. 그중에는 장애인과

시니어 크루도 있습니다. 이들 모두 대전 지역
장애인복지재단과 노인취업알선센터를 직접 찾아가
추천을 받은 분들입니다. 장애인, 시니어 크루 또한
맥도날드 직원 교육을 통해 업무를 익혔습니다. 예를
들어 패티 조리법을 교육 받는다고 하면 직원 교육은
패티 굽기를 3일에 걸쳐 반복 교육합니다. 때문에
누구라도 정확하게 업무를 익힐 수 있죠."

그는 직원 교육 또한 철저하고 구체적으로
이루어지기에 이에 써야 하는 시간 모두를 점주 역할에
집중하는 데 쓸 수 있다고 평했다. 특히 김선주 점주는
정보 제공까지 맥도날드 교육 시스템으로 여기는데,
전해지는 모든 정보가 점주 역할에 더 집중하게
만들기 때문이다. 그는 그 예로 지금은 제공되지 않는

R2D2를 꼽았다. 매일 아침마다 전해졌던 이 정보로
전 세계 여러 매장 중 그의 매장이 어느 자리에 위치해
있는지를 확인할 수 있었고, 매장 운영 시 어떤 방향을
개선해 나가야 하는지를 가늠할 수 있었다.

"점주 교육이 맥도날드에서 경험한 첫 교육
시스템이라면 점주가 된 후에는 업데이트 교육과
분기별로 진행되는 라이선스 미팅은 물론 2년마다
열리는 월드와이드컨벤션에 참여하고 있습니다.
맥도날드가 아니었다면 경험할 수 없었던
것들이죠. 맥도날드 교육 시스템이 없었다면 저의
오늘은 불가능했을 것입니다. 한국맥도날드 창립
35주년이라는 역사 또한 맥도날드 교육 시스템이
있어 가능했다고 확신합니다."

**사람과
함께하는
성공 교육-**

**사람 중심의
철학을 배우다**

김수환

맥도날드 부산사직DT점,
사직점, 초읍DT점 점주

체계적인 매뉴얼로 모든 매장에서 동일한 맛을

그는 맥도날드에서 가장 값진 기록 중 하나를 갖고
있다. 바로 27년 동안 함께 해온 '최장수 점주'의
타이틀이다. '세 다리 의자' 철학을 기반으로 삼는
맥도날드에서 의자의 한 축으로 오랜 시간 함께
해온 것이다. 그 비결은 무엇일까? 그는 '교육의 힘'
덕분이었다고 말한다. 그가 처음 맥도날드를 접한
것은 포항제철 기업문화부에서 근무할 때였다. 당시
맥도날드는 전 세계 100개국이 넘는 나라에서 3만
개가 넘는 매장을 운영하고 있었는데, 어느 나라의
매장이든 매뉴얼에 따라 동일한 맛과 서비스를
제공한다는 점이 기억에 남았다.

"직영점뿐 아니라 프랜차이즈에서도 같은 서비스를
제공한다는 점이 인상 깊었습니다. 이 정도의 정보를
가지고 퇴사 후 호주로 여행을 간 적이 있는데
그곳에서 맥도날드 버거 맛을 느낄 수 있었죠. 그렇게
국내에서 먹었던 것과 동일한 맛을 전 세계 어디서든
서비스한다는 것을 경험하게 되었습니다."

그렇게 정보가 경험이 되며 맥도날드에 관심을 갖게
된 김수환 점주는 그 당시 맥도날드 경영진에게
프랜차이즈 운영 관련 사항을 문의하게 된다.

"처음에는 거절했습니다. 다행히 몇 개월 후
한국맥도날드 경영진의 프랜차이즈에 대한 이해와
협조로 조건부 허락을 받게되었습니다. 그때 '점주
교육을 받고 맥도날드의 기준에 부합해야 된다'라는
답을 받게 된 것이죠."

1995년 5월 김수환 점주는 부산 서면동점에서 진행된
3개월간의 크루 교육을 시작으로 매니저, 부점장, 점장

교육까지 9개월간의 점주 교육을 받게 된다. 업무별 교육이 끝날 때마다 맥도날드 트레이닝센터에서 4박 5일간 진행되는 집합 교육도 필수였다. 이 과정은 그간의 교육과 실습 내용을 테스트하고 체크하는 시간으로 규정된 점수 이상을 받아야만 다음 단계 교육을 받을 수 있었다.

"다음으로 햄버거대학(Hamburger University) 교육을 받아야 했습니다. 당시 한국에서는 해당 교육이 운영되지 않았는데요. 시카고에 자리한 햄버거대학에서 마지막 교육을 받기 위해 1996년 3월 25일 미국으로 출국했습니다."

햄버거대학, 팀워크의 실제를 경험하다

김수환 점주를 포함한 10명의 한국맥도날드 관계자들은 3월 30일부터 8박 9일간의 합숙 교육을 시작했다. 햄버거대학에 첫발을 내딛은 그는 강의실 17개, 대강당, 도서관, 캠퍼스 등을 갖춘 햄버거대학에 감탄했는데, 대학으로서 손색없는 시설과 규모 때문이었다.

"점주는 쉬는 날이 없다라는 말이 있습니다. 이 말에는 점주가 가장 많은 일을 해야 하고, 직원을 도와줘야 하며 무한책임을 져야 한다는 의미가 담겨 있죠."

"남미, 동남아, 한국에서 온 50여 명의 사람들과 함께 교육을 받았습니다. 햄버거대학에서는 전 세계 각국에서 온 점장들을 위해 동시통역 서비스가 제공되었는데요. 언어장벽 없이 교육을 받을 수 있다는 점에서 인상 깊었습니다. 교육은 매장과 동일한 환경의 교육장에서 실습을 중심으로 진행되었습니다. 각국의 참여자들과 팀을 이뤄 크루, 매니저, 점장 등의 역할을 맡아 고객 응대는 물론 현장에서 일어날 수 있는 여러 문제를 팀워크로 해결해 나가는 경험을 했죠."

햄버거대학에서는 시대별 요구와 점주의 요구를 반영한 교육 프로그램이 운영되었는데, 그가 교육을 받을 당시에는 인건비가 비싼 미국 상황을 고려한 장비 정비교육(PM)과 회계 시스템 교육이 진행되었다. 당시 한국 상황에 비추어 볼 때 한참이나 앞선 교육이었지만 김수환 점주가 매장을 운영하는 데 큰 도움이 되었다. 햄버거대학 수료 후에는 경영진의 도움으로 일주일간 워싱턴에 위치한 맥도날드 매장에서 실습하며 점주로서 갖춰야 할 지식과 원칙을 습득했다. 이후 부산으로 돌아온 그는 첫 매장인 사직점 오픈을 준비한다.

"점주가 제대로 알지 않으면 함께 일하는 직원을 제대로 이끌 수 없습니다. 때문에 점주 교육은 치밀하고 철저할 수밖에 없죠. 저는 점주 교육을 통해 사람 중심의 비즈니스 마인드도 갖출 수 있었죠. 모든 교육 과정이 팀을 이루어 진행되는 이유도 여기에 있을 것이라 생각합니다. 이후에는 수시로 진행되는 점주 대상 교육으로 시기별 주요 이슈에 관한 지식도 배울 수 있었습니다."

원칙은 지키되 변화하는 시대 상황을 반영하다

김수환 점주가 사직점을 운영하던 시기는 모든 것이 수작업으로 이루어진 때였다. 그는 하루 입출계산이 맞지 않아 돈을 세고 또 세느라 밤을 새기도 했다며 아날로그 시대를 추억했는데, 이후 인터넷과 카드 결제가 대중화되면서 맥도날드의 모든 시스템 또한 전산화되었다. 그 시간 동안 김수환 점주는 2013년 11월에는 초읍DT점을, 2015년 7월에는 부산사직DT점을 오픈한다.

그는 2015년 점주 교육을 다시금 받게 되는데, 20년이라는 사직점 운영 계약 기간이 지나면서 또 한

번의 점주 교육을 제안받게 된 것이다. 첫 번째 점주 교육과 달라진 점이라면 전산화된 시스템을 익히는 시간이자 그가 운영하는 3곳의 매장에서 진행되었다는 것, 한국맥도날드 서울 트레이닝센터에서 햄버거대학 교육을 받을 수 있었다는 점이다.

"27년 전 진행되었던 첫 번째 점주 교육과 동일하게 교육을 받았습니다. 단계별 교육이 끝날 때마다 교육 내용을 검증하는 트레이닝센터에서의 테스트 또한 같았죠. 두 차례의 점주 교육을 받으며 맥도날드가 교육에 얼마만큼 진심인지와 얼마나 많은 투자를 하는지를 다시금 확인할 수 있었습니다."

그간 받아온 교육과 직원 교육을 지켜봐 온 김수환 점주는 맥도날드 교육 시스템이 시대 변화에 따라 방법적으로는 다양해지지만 식품 안전의 중요성, 고객응대, 직원 커뮤니케이션 등의 원칙만큼은 변치 않았다고 평한다.

"27년 전 맥도날드 교육 책임자였던 찰스 스미스가 한 말이 지금도 가슴에 남아 있습니다. '점주는 쉬는 날이 없다'라는 말입니다. 그속에는 가장 많은 일을 해야 하고, 직원을 도와줘야 하며 무한책임을 져야 한다는 의미가 담겨 있죠. 제게 이를 행할 수 있는 원칙과 방법을 알게 해준 것이 맥도날드 교육 시스템입니다."

맥도날드 문화는 '사람 중심'이다.
사무 공간 또한 수시 교육 및 소통이
원활하도록 개방형으로 이루어져 있다.

사람 중심 문화,
교육에서 시작된다

9개월에 걸친 파트너 교육

1980년대 맥도날드가 합작 파트너로 선정했던 사람은 안효영 씨였다. 그는 국내 최대 회계법인의 창업자였다. 후일 그는 해외의 지인들을 통해 알게 된 맥도날드의 경영시스템에 감명을 받았다고 술회했다. 합작 계약이 체결된 이후, 그는 한국의 회계법인 사업을 위탁한 후, 미국으로 향했다.

맥도날드 햄버거대학(McDonald's Hamburger University)에서 약 9개월에 걸친 교육과정을 이수해야 했기 때문. 그는 그곳에서 맥도날드만의 독특한 문화와 경영철학, 패티 굽기, 매장 청소, 고객 응대법, 심지어 장부 정리법까지 새로 배워야 했다. 맥도날드의 법률 자문을 담당했던 전강석 변호사의 이야기다.

맥도날드 오픈 전에 안 회계사 님이 미국 햄버거대학에 가서 교육을 받았다고 합니다. 이야기를 들어보니, 밑바닥부터 하나하나 배웠다고 하더군요. 처음에는 뭘 그렇게까지 하나 싶었는데, 그분은 매우 기쁘게 교육을 받았던 것으로 기억합니다.

맥도날드의 이러한 원칙에는 예외가 없다. 맥도날드에 들어서는 순간부터 철저한 교육을 받아야 한다. 경영철학, 운영, 고객 서비스, 리더십, 안전 및 보안은 물론, 각종 매뉴얼에 대한 교육에 이르기까지 9개월에 걸친 교육을 이수해야 사업 파트너의 자격이 주어진다. 물론 그 기간 동안은 무급이다.

Learning Today, Leading Tomorrow

맥도날드의 교육 시스템은 세계적인 수준이다. 이른 시기부터 사람을 경영의 중심에 둔 기업관 덕분이다. 맥도날드에서 가장 큰 투자는 사람을 대상으로 한다. 맥도날드의 교육의 상징이라 할 수 있는 햄버거대학만 보더라도 능히 짐작할 수 있다.

세계 최고의 전문 교육기관 중 하나인 햄버거대학은 1961년에 설립되었다. 이 대학의 모토는 'Learning Today, Leading Tomorrow. 오늘 배우고, 내일을 선도한다.'로서 이 곳을 거쳐간 인원만 27만 5,000명에 달한다. 처음 맥도날드가 이 대학을 설립했을 때만 하더라도 많은 사람들이 의구심을 표했다. '뭘 대학까지 세워서 버거를 가르치나?'

그러나 이곳에서는 버거만 교육하지 않는다. 커리큘럼을 보면, 레스토랑 경영 지식, 리더십, 커뮤니케이션, POS시스템, EAP(직원 지원 프로그램) 등 경영학 전반을 다룬다. 따라서 햄버거대학을 졸업했다는 사실은 맥도날드 임직원들에게는 큰 자부심 중 하나다. 현재 햄버거대학은 미국을 비롯해, 영국, 호주 등 6개 지역에 설립되었고, 한국에서도 강의가 진행되고 있다.

교육의 목적은 '지식'이 아닌 '행동'

서울 종로구에 위치한 종로타워 14층의 한국맥도날드 본사. 자율좌석제로 운영되는 이곳에는 임원실이 따로 없다. CEO와 부사장만 따로 방이 있을 뿐이다. 최고경영진이 사용하는 방도 넓지 않다. 책상 하나, 책장 하나가 들어갈 정도다. 본사에서 가장 큰 면적을 차지하는 곳은 교육장이다. 이곳에서는 거의 매일 다양한 교육이 시행된다. 간혹 외부인들이 방문했다가 그 장면을 보면 깊은 인상을 받곤 한다.

맥도날드 본사 기록사진을 찍기 위해 몇 차례 방문한 적이 있습니다. 직원들의 활동을 사진에 담기 위해 교육장 안을 보았는데, 일방적인 강의 형태가 아니었습니다. 빙 둘러앉은 수강생들을 대상으로 다양한 실물과 영상, 도구를 활용해 토론하는 모습이 인상적이었습니다.
@ 포토그래퍼 김종현

가모가시라 요시이히토가 쓴 책 <인생에서 중요한 건 모두 맥도날드 아르바이트에서 배웠다>가 화제가 된 적이 있다. 이러한 사례가 일본에만 있는 것은 아니다. 한국에서 크루 경험을 했던 한 고객은 다음과 같은 메시지를 보내왔다. 맥도날드의 교육에는 이처럼 남다른 바가 있다.

청주용암점, 청주금천DT점을 퇴사하기까지 많은 매장을 거쳤습니다. 때로는 파견도 다니면서 사람과 사람이 살아가는 것에 대해 많은 것을 배웠습니다. 맥도날드의 교육 슬로건인 '교육의 목적은 지식이 아니라 행동입니다.'라는 문구는 아직도 제 인생에 가장 큰 가치관으로 자리잡고 있습니다. @ 이일섭 고객님

맥도날드의 교육은 매우 우수하다고 정평이
나 있다. 그러나 더 놀라운 점은 늘 배우고
소통하는 학습 문화다. 토론과 교육이 수시로
이루어지는 맥도날드 본사.

The 3-Legged Stool

세 다리 의자 철학에 담긴 가치

© McDonald's Corp.

가장 인상적인 맥도날드의 경영철학은
바로 '세 다리 의자 철학'입니다. 실제로
한국맥도날드, 매일유업, 사료회사인
'카길애그리퓨리나', 사회적협동조합인
'자원과순환', 이렇게 4개 회사가 커피박
재활용을 통한 자원 순환을 위해 MOU를
체결한 사례가 있습니다. 공동의 ESG 경영
시스템을 구축해나간다는 점에서 맥도날드
세다리 의자 철학을 보여주는 상징적인
사례라고 생각합니다.
35년이라는 긴 시간의 파트너십은 좋은
제품을 공급하겠다는 매일유업의 약속과, 이
제품으로 훌륭한 메뉴를 만들어내겠다는
맥도날드의 약속을 기반으로 한 신뢰 관계,
즉 '세 다리 의자 철학'이 바탕이 되었습니다.

@ 35년의 협력업체 '매일유업 FS본부' 장유진 본부장

각자의 자리에서 함께 성장하는
상생의 파트너십

하만기
한국맥도날드
SCM 이사

황동건
(주) 오뚜기
FS 사업부 BS1 영업부
부장

가맹점주, 협력업체, 그리고 맥도날드의 협력과 상생을 추구하는 '세 다리 의자' 철학은 맥도날드의 중요한 사업 원칙이다. 한국맥도날드 역시 협력업체 및 지역사회와의 상생을 목표로 자회사를 두지 않고 독립된 협력업체에서 공급받는다는 원칙을 지키며 80여 개 국내외 협력업체와 파트너십을 맺고 있다. 그중 한국맥도날드의 든든한 조력자로 35년 역사를 온전히 함께해 온 한국 로컬 기업 오뚜기와의 파트너십은 '세 다리 의자 철학' 가치를 잘 보여주는 대표적인 사례다.

한국맥도날드 35년 역사를 함께해온 오뚜기

황동건 한국맥도날드 35주년을 축하드리며, 한국맥도날드가 글로벌 브랜드이자 한국인에게 사랑받는 버거 브랜드로 성장해온 과정을 오뚜기가 처음부터 함께할 수 있었던 것을 자랑스럽게 생각합니다. 맥도날드와 오뚜기의 거래는 1988년 압구정동에 1호 매장이 문을 열면서 소스 1~2 종류를 공장에서 직접 배송하는 형태로 시작되었는데, 이제는 전국 400여 개 매장에 30여 개 품목을 공급하고 있습니다. 맥도날드에서 판매되는 거의 모든 메뉴에 오뚜기 제품이 포함되어 있다고 해도 과언이 아니죠. 그런 만큼 자부심과 책임감을 가지고 맥도날드의 성장에 기여하기 위해 노력하고 있습니다.

하만기 35주년을 맞이하며 오뚜기를 비롯한 협력업체와 가맹점주 여러분께도 오늘의 맥도날드를 함께 만들어 주신 데 대해 감사의 인사를 전하고 싶습니다. 그중에서도 오뚜기는 매일유업, 코카콜라와 함께 한국맥도날드의 출발부터 식재료를 공급해온 중요한 파트너입니다. 모든 버거에 들어가는 소스와 디핑소스, 케찹, 튀김용 오일, 사이드메뉴, 달걀 등 메뉴의 맛과 영양에 직결되는 재료들을 35년간 훌륭하게 공급하며 맥도날드와 함께해 왔죠.

'세 다리 의자' 철학과 품질우선주의로 통한다

하만기 오뚜기와의 협력관계는 맥도날드의 핵심 철학인 '세 다리 의자' 철학을
기반으로 만들어진 것입니다. 한국맥도날드라는 의자는 가맹점, 협력업체,
맥도날드, 이렇게 세 개의 다리가 균형을 이루며 나아갈 때 진정한 성장을 이룰
수 있습니다. 이런 원칙에 따라 가맹점 및 협력업체와 함께 성장해 나가기
위해 업무 협력과 기회 제공 등의 지원도 하지만, 맥도날드와 동일한 수준의
엄격한 기준도 적용하고 있죠. 특히 오뚜기와 같은 협력업체를 선정할 때는
품질기준부터 노동자 인권과 환경, 원재료의 지속가능성 등 사회적인 책임까지
무척 까다롭게 요구합니다. 오뚜기는 35년간 만족스러운 품질의 제품을
안정적으로 공급해온 것은 물론이고 로컬 기업으로서 국내법을 넘어서는
한국맥도날드의 기준을 모두 충족시켜 왔죠.

황동건 오뚜기 역시 품질을 최우선으로 생각하는 확고한 원칙을 가지고
협력업체 및 지역사회와 상생을 추구하는 기업으로서 맥도날드의 '세 다리
의자' 철학에 공감하기 때문에 동반자적 협력관계를 만들어 가는 데 필요한
노력을 기꺼이 쏟을 수 있었습니다. 물론 그 과정이 쉽지는 않았습니다. 국내
식품법규보다 까다로운 것은 물론이고 1980년대까지만 해도 국내 규정이 아예
없는 항목도 있었죠. 하지만 일방적으로 요구하는 방식이 아닌, 가이드라인과
관련 정보를 제공하며 조율하고 독려해 주었기 때문에 결과적으로는 오뚜기가
공장의 공정과 환경, 위생, 노동자 근로여건 등에서 글로벌 수준으로 앞서가는
계기가 되었습니다.

하만기 맥도날드 입장에서도 원칙과 철학을 공유하는 오뚜기와 협업할 수 있어
행운이라고 생각합니다. 맥도날드는 오뚜기뿐 아니라 모든 협력업체와 가능한
장기적으로 파트너십을 이어가는 것을 선호하는데, 불필요한 에너지 소모를
줄인다는 의미도 있지만 맥도날드의 기준을 맞출 수 있는 기업이 별로 없다는
이유도 있습니다. 35년간 맥도날드와 거래해온 오뚜기는 여러 면에서 검증된
기업이라고 할 수 있죠.

로컬과 글로벌, 상생의 길을 열다

황동건 맥도날드에서 오뚜기에 엄격한 기준도 요구했지만, 노력한 만큼 합당한
평가와 함께 더 큰 도약의 기회도 만들어 주었죠. 한국맥도날드와의 우수한
협력 성과를 토대로 글로벌 협력업체로 추천해준 덕에 2014년부터 대만, 홍콩,
태국의 맥도날드에도 각종 소스를 수출하고 있습니다.

하만기 오뚜기는 고품질 제품을 합리적인 가격으로 제공하고 있을 뿐
아니라, 오랜 협력업체답게 필요한 것을 빠르게 파악하고 대응하는 등 글로벌
협력업체로서 손색없다는 평가를 받았죠. 또한 어떤 상황에서도 공급 안정성을
지켜주는 믿을 수 있는 파트너고요.

황동건 오뚜기도 우리나라에서 전통 깊은 식품기업으로서 품질에서만큼은
최고라는 자부심을 가지고 있지만, 한국맥도날드와 35년간 거래하며 제품,
품질, 가격 등 모든 면에서 글로벌 기준에 맞는 기업으로 한 단계 성장할
수 있었다고 생각합니다. 맥도날드 글로벌에 단독으로 진출을 시도하기도
쉽지 않았을 테고요. 2011년에 가격경쟁력 문제로 케첩 거래가 끊겼던 일이
생각나네요. 글로벌 차원의 결정이어서 당시에는 큰 충격이었지만, 치열한
노력 끝에 2년여 만에 다시 오뚜기케첩을 공급할 수 있었어요. 그렇게
글로벌 수준의 가격경쟁력을 확보한 덕에 현재는 대만 등 해외 맥도날드에
오뚜기케첩을 수출하고 있죠.

하만기 오뚜기와의 협업에서 신제품 개발 이야기도 빼놓을 수 없습니다.
오뚜기는 소스 공급사로서 소비자가 원하는 맛, 새로운 맛을 찾아 제안하면서
맥도날드의 신메뉴 출시에도 크게 기여해 왔죠. 2021년에 출시된 창녕 갈릭
버거도 마찬가지입니다. 맥도날드 메뉴개발팀에서 제품을 디자인하고, 오뚜기
중앙연구소에서 제품으로 구현하여 공장에서 대량으로 잘 생산해 주었기에
성공할 수 있었습니다.

황동건 오뚜기 역시 맥도날드와 거래하면서 우리가 연구개발한 소스가 신메뉴 출시에 기여했을 때 가장 큰 보람을 느낍니다. 한국맥도날드의 시그니처 메뉴로 꼽히는 불고기 버거도 창녕 갈릭 버거처럼 오뚜기에서 버거에 맞는 불고기 소스를 함께 개발하고 맥도날드가 메뉴화하면서 성공한 메뉴죠. 맥도날드가 글로벌 브랜드로서 매장 운영과 마케팅 등 시스템에서 강점을 가지고 있다면, 오뚜기는 양념소스를 소비자 입맛과 메뉴 특성에 맞게 만들어 내는 데 강점을 가진 기업이라고 생각합니다. '세 다리 의자' 철학의 정신도 각자가 가장 잘하는 일에 집중할 수 있는 구조를 만들고 협업함으로써 최상의 결과물을 만들어 동반성장을 이뤄내자는 의미 아닐까요?

하만기 그런 의미에서 지속적으로 진행할 예정인 '한국의 맛 Taste of Korea' 프로젝트를 비롯한 신메뉴 개발에서 오뚜기가 새롭고 매력적인 소스로 함께해 주시길 기대하겠습니다. 또한 창녕 갈릭 버거의 경우처럼 한국맥도날드와 한국의 맛을 잇는 가교 역할도 계속해 주시길 바랍니다.

황동건 앞으로도 고객의 입맛을 사로잡을 수 있는 더 맛있고 다양한 맛으로 맥도날드의 성장을 지원하여 그 성과가 다시 오뚜기의 성장으로 이어질 수 있도록 끊임없이 노력하겠습니다. 또한 앞으로 맥도날드의 50주년, 100주년까지 함께할 수 있길 바랍니다.

본사 임직원, 가맹점주, 협력사 등 700여 명이
한 자리에 모인 제3회 푸드 세이프티 타운홀
미팅. 사진은 2019년 행사다.
ⓒ 한국맥도날드

더 아름다운 세상을 꿈꾸다
세 다리 의자 철학과 상생의 힘

협력업체, 가맹점주와 함께 만든 역사

2023년 3월 27일, 한국맥도날드 본사에서 뜻깊은 행사가 열렸다. 1988년 설립 이후 35번째 맞이하는 생일잔치였다. 그날 맥도날드는 자랑스러운 역사를 만들어온 사람들에게 감사패를 전했다. 그중에서도 특히 눈길을 모은 사람들이 있었다. 35년 동안의 협력업체인 매일유업과 오뚜기, 부산 사직점의 김수환 점주였다. 홍보 및 대외협력 담당 심나리 상무는 당시 이분들의 초청 이유를 이렇게 설명한다.

35주년 행사에는 맥도날드의 세 다리 의자 철학이 반영되어 있습니다. 맥도날드, 협력업체, 가맹점주가 모두 함께 성공해야 한다는 의미를 담고 있습니다. 매일유업과 오뚜기를 필두로 패티 제조, 포장지 등 맥도날드에는 30년 이상을 함께 한 협력업체들이 적지 않습니다. 가맹점 점주분들도 마찬가지입니다. 함께 성공할 수 있도록 서로 협력하는 것이 맥도날드의 기본정신입니다.

실제로 맥도날드와 거래를 시작하는 협력업체나 점주들은 신선한 충격을 받곤 한다. 한국에서 흔하게 벌어지는 부당 거래행위가 전혀 없으며, 서로 힘들 때 조언하고 함께 고민하는 문화 때문이다. 가맹점주는 물론, 협력회사와 함께 성공하는 것- 그것이 맥도날드의 핵심 경영철학이다.

'세 다리 의자' 철학과 함께 맥도날드가 가장
중시하는 것은 사람 중심 문화다. 크루,
라이더, 매니저, 점주 등 모두가 행복한

핵심가치에 담긴 '사람'과 '상생'

처음 맥도날드와 일을 하게 되면 자연스레 이 회사에 5가지 핵심가치가 있음을 알게 된다. 이 가치는 그저 '보여주기 위해' 존재하지 않는다. 모든 업무가 이 가치에 맞는지 점검되고 확인된다. 한국맥도날드 김기원 대표이사의 설명이다.

맥도날드에는 아주 중요한 핵심가치가 있습니다. '사람 중심', '포용', '정직', '커뮤니티', 그리고 '패밀리'가 그것입니다. '사람 중심'이란 언제나 고객과 직원을 가장 먼저 생각한다는 뜻이며, '포용'이란 맥도날드의 문은 누구에게나 열려 있다는 의미입니다. '정직'은 올바른 방식으로 일을 하는 것을 말하며, '커뮤니티'는 좋은 이웃이 되는 것이고, '패밀리'는 함께 더 나은 내일을 만든다는 의지입니다. 이 핵심가치는 '세 다리 의자 철학'을 구성하는 가맹점과 협력업체, 그리고 임직원들 모두가 실천해야 하는 행동 방식이기도 합니다.

맥도날드의 핵심가치는 35년 역사 속에서 그대로 확인할 수 있다. 우선 맥도날드는 사람 중심의 기업이다. 고객은 물론, 직원과 크루 등의 행복을 추구한다. 다양성과 포용성, 형평성은 맥도날드가 중시 하는 가치이기도 하다. 수많은 크루들이 맥도날드를 거쳐갔고 그들에게 일자리를 제공했다. 장애인, 고령자, 이주민 등 나이·성별·학력 등 어떠한 차별도 없다.
지역 사회를 위한 공헌도 남다르다. 많은 이들은 맥도날드의 대부분 원재료가 외국산이라고 생각한다. 그러나 놀랍게도 전체 원재료의 60% 이상이 국내산이다. 심지어 원자재 협력업체를 지원해 최고 품질을 만들도록 지원하기도 한다.

가농바이오는 한국맥도날드의 가장 오래된 협력업체 가운데 하나입니다. 이 회사는 맥도날드에 달걀을 전량 납품합니다. 맥도날드는 이 회사와 함께 끊임없이 좋은 품질을 만들기 위해 머리를 맞댔습니다. 그 결과, 축산물품질평가원으로부터 대한민국 1등 품질로 인정받아 최우수상을 받았습니다. 국내 식자재 공급업체와 유통업체, 더 나아가 생산농가에 이르기까지 선순환의 지역경제 발전에 도움이 된 겁니다.

맥도날드의 핵심가치에 담긴 사람과 상생의 뜻은 지금도 실천으로 이어지는 중이다.

너에겐 언제나 진심이야~

ESG

ESG,
맥도날드는 좋아서 합니다.

McDonald's Korea 35 Years

맥도날드가 더 좋은 세상을 만드는 이유요?
세상에 좋은 일이
맥도날드에도 좋은 일이니까.

맛있는 버거와 기분 좋은 순간을
선물하는 것만큼, 더 좋은 세상을
만들어가는 일에도
맥도날드는 늘 진심이죠.

모두에게 좋은 원재료,
모두에게 이로운 공급방식을 고민하고,
앞으로의 세대를 위해
지속가능한 내일에 투자하고,
혼자 하는 성장이 아닌
함께하는 가치에 힘쓰고,
누구 하나 소외되지 않는
기업문화에 누구보다 진심이죠.

더 좋은 내일을 만드는 이 모든 변화-
맥도날드는 좋아서 합니다.

@ 한국맥도날드 35년, ESG 영상 중에서

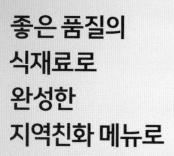

좋은 품질의
식재료로
완성한
지역친화 메뉴로

지역과 함께
성장합니다

하정욱
창녕군 농업기술센터
농식품유통과
농산물유통팀 팀장

표상호
11년차 창녕 마늘 재배 농부

McDonald's Korea 35 Years

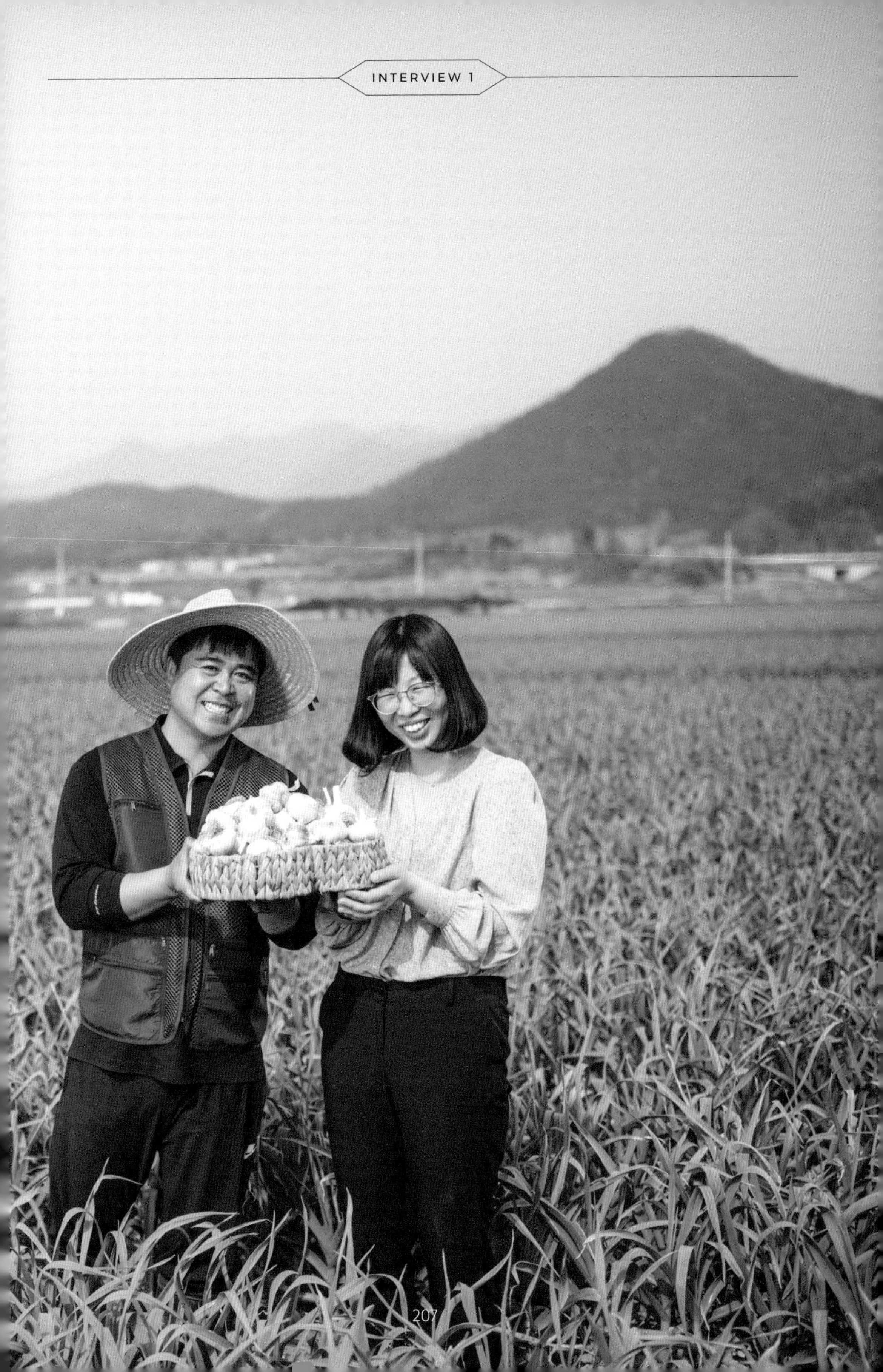

함께의 가치로 탄생한 창녕 갈릭 버거

톨게이트를 통과하자마자 도로 좌우로 마늘 밭이 펼쳐진다. 눈길이 닿는 모든 곳에 하늘을 향해 두 팔을 곧게 뻗은 마늘잎이 초록의 융단을 이루는 이곳은 창녕이다.

"네이버 검색창에 창녕이라는 단어를 치면 자동 검색어로 창녕 갈릭 버거가 뜹니다. 국내 1위 마늘 생산 지역이지만 다른 지역에 비해 사람들에게 알려지지 못한 게 아쉬웠는데요. 창녕 갈릭 버거의 인기로 이제는 창녕 마늘의 인지도 또한 높아졌습니다."

맥도날드와 창녕군이 사업을 논의하기 시작한 것은 2021년 5월, 당시 '한국의 맛 Taste of Korea' 프로젝트를 계획 중이던 맥도날드는 한국인의 입맛에 친숙한 식재료인 마늘을 선정했고, 협력업체인 오뚜기는 갈릭 소스 개발을 위해 여러 지역의 마늘 맛을 테스트하는 과정을 거쳤다. 소스 맛을 평가한 결과 매운맛이 덜하고 알싸한 맛이 나는 창녕 마늘이 선정되었고, 논의는 소스가 아닌 버거로 가닥을 잡는다.

"맥도날드와의 지역사회 연계사업이 창녕군에게는 첫 사례입니다. 첫 사업 파트너가 글로벌 기업이어서 부담도 있었는데요. 양형근 대외협력 이사님과 이야기를 나누며 우려가 기대로 바뀌었죠. 누구보다 먼저 저희 지역을 생각해 주셨고 상생의 자세를 갖추고 계셨습니다."

맥도날드와 협의를 이어가면서 하정욱 팀장은 이 연계사업이 그간 교육에서만 접했던 ESG 활동이라 생각했고, 맥도날드가 창녕 지역과 연계해 농산물 우수관리(GAP) 인증을 받은 마늘로 창녕 갈릭 버거라는 지역친화 메뉴를 선보이는 과정을 보며 이를 확신하게 되었다.

"일을 할 때는 철저했는데요. 맥도날드 관련 부서 담당자들은 창녕을 찾아 마늘 재배 환경, 유통, 깐마늘로 가공되는 과정을 확인했습니다. 창녕군 또한 재배, 가공, 유통을 담당하는 각 책임기관으로 창녕농협과 우포농협은 계약 재배한 마늘로 깐마늘 가공을, 창녕군연합사업단은 깐마늘 유통을 책임지고 있죠. 창녕군청 또한 마늘 재배 농가가 농산물 우수관리 인증을 받고 이에 맞게 재배할 수 있도록 교육을 진행했습니다."

든든한 상생의 관계가 일군 결실

창녕 마늘 맛 테스트와 마늘 재배 및 가공 현장 체크 등의 과정을 거친 맥도날드는 2021년 8월 5일 '한국의 맛 Taste of Korea' 프로젝트의 첫 주자로 창녕 갈릭 버거를 선보인다. 이 버거는 8월 한 달간 한정 메뉴로 선보였는데, 창녕 마늘의 풍미와 맛을 가장 신선하게 맛볼 수 있는 최적의 기간이 한 달이었기 때문이었다.

"창녕 갈릭 버거를 처음 먹었을 때, 창녕 마늘의 진한 풍미가 느껴지더군요. 사실 육식을 즐겨하지 않았는데, 제 입맛에도 잘 맞아서 깜짝 놀랐던 기억이 납니다. 창녕 마늘 6쪽 분량의 마늘 토핑과 아이올리 소스를 더한다는 기획 방향 덕분이었다고 생각합니다. 이후에 창녕군도 보다 많은 사람이 창녕 갈릭 버거를 맛볼 수 있도록 홍보와 이벤트를 진행했어요. 창녕 갈릭 버거를 먹은 후 인증사진을 올리는 이벤트를 진행했고, 창녕군 홍보 광고판을 이용해 창녕 갈릭 버거를 대대적으로 알렸습니다.

McDonald's Korea 35 Years

"창녕군 입장에서 연계사업은 이번이 첫 사례였죠, 그런데 하필
글로벌 기업이어서 부담스럽긴 했죠."
"아들에게 창녕 갈릭 버거에 아빠가 키운 마늘이 들어간다고
자랑했었습니다. 제가 키운 마늘이 들어간다는 사실은 농사짓는 일에
자부심을 느끼게 합니다."

또 8월 20일에는 창녕 갈릭 버거 출시 기념 온라인 라이브 커머스를 진행해 창녕 마늘과 창녕 갈릭 버거를 함께 홍보했죠. 주민들도 창녕 갈릭 버거 자랑에 나섰습니다. 외지에 나가 있는 자식이나 손주에게 창녕 갈릭 버거가 창녕 마늘을 이용해 만들어진 버거라고 열심히 알렸다고 합니다."

맥도날드의 광고와 창녕군의 홍보에 먹어본 고객들의 입소문이 더해지며 창녕 갈릭 버거는 인기를 얻게 되었다. 창녕 갈릭 버거가 인기를 모으면서 예상치 못한 일도 일어났다. 처음 예상한 양보다 훨씬 많은 원재료가 필요해진 것. 미리 준비한 원재료의 두 배를 사용하게 되었고 지역 농가에도 더 큰 도움이 되었다. 계획에 없던 추가 물량을 준비하기 위해 깐마늘 가공공장은 어느 때보다 눈코 뜰 새 없이 분주했다. 2022년 재출시 때는 처음부터 43톤의 마늘을 납품해 2년간 총 85톤의 창녕 마늘이 맥도날드에 제공되었다.

"출시 기간 동안 창녕군은 축제 현장을 방불케 했는데요. 군 관련 회의나 행사마다 창녕 갈릭 버거를 준비해 지역에 맥도날드 매장이 없어 아쉬워하던 사람들이 맛볼 수 있게 했습니다. 이를 위해 창녕군청 직원들은 아침마다 적게는 100개, 많게는 400개의 창녕 갈릭 버거를 인근 대구나 밀양 지역 맥도날드 매장에서 공수해 오는 진풍경이 펼쳐졌죠."

가족이 먹는 것이라는 원칙으로 짓는 농사

시간이 나면 창녕 곳곳의 마늘밭을 찾아 작황과 상태를 확인하는 하정욱 팀장과 표상호 농부가 오랜만에 만났다. 대화의 첫 주제는 마늘 작황이고 다음 주제는 창녕 갈릭 버거다. 2021년 버거 광고에는 창녕 농부가 출연했고, 2022년에는 창녕 농부가 내레이션을

진행했었다는 하정욱 팀장의 말에 표상호 농부는 "진짜예"를 반복하며 크게 웃는다. 우포농협 계약 재배 농가인 표상호 농부 또한 창녕 갈릭 버거 출시 때 지인들에게 이를 자랑했다고 한다. 어릴 때부터 부모님의 마늘 농사를 돕던 그는 2013년부터 마늘 농사를 시작했고 현재는 3만 9,669㎡의 밭에서 마늘을 재배한다.

"아들에게 창녕 갈릭 버거에 아빠가 키운 마늘이 들어간다고 자랑했었습니다. 아들도 창녕 갈릭 버거 광고를 봤다고 관심 있어 하더라고요. 창녕 갈릭 버거에 제가 키운 마늘이 들어간다는 사실은 농사짓는 일에 자부심을 느끼게 합니다. 또 영화 <파운더>를 보고 레이 크록을 좋아하게 된 터라 맥도날드에 제 마늘을 납품한 일은 더 뜻깊습니다."

표상호 농부는 마늘을 농산물 우수관리와 농약 허용기준 강화제도(PLS)를 준수해 재배한다. 무엇보다 그는 '가족이 먹는 농산물'이라는 마음으로 농사를 짓는다. 넓은 의미에서 표상호 농부에게 창녕 갈릭 버거를 먹는 고객은 가족이다.
이런 이유로 표상호 농부는 더 건강하게 마늘을 재배하려는 다짐을, 하정욱 팀장은 빻은 마늘로 가공을 하는 반가공센터 설립 계획을 서로의 마음에 새긴다. 맥도날드가 창녕 지역사회와 연계하며 맺은 결실은 창녕 마늘의 인지도 상승과 모두에게 좋은 식재료로 고객에게 건강한 맛을 제공하는 것, 그 이상이다.

장애인부터 시니어까지,

열린 채용으로

더불어 행복한 세상

서문수
신림점 청년 점장

서유란
신림점 장애인 크루

서석봉
이태원점 시니어 크루

사람 중심, 맥도날드에서 길을 찾다

서문수 안녕하세요. 서문수 점장입니다. 2014년 수습 매니저(MT)로 공채 입사해 미아점에서 근무하다, 외대점과 쌍문DT점을 거쳐 현재 신림점에서 근무하고 있습니다. 지원할 때부터 상생을 추구하는 '세 다리 의자 철학'과 5대 핵심가치인 사람 중심, 포용, 정직, 커뮤니티, 패밀리 등 맥도날드의 기업문화에 관심이 많았습니다. 그중에서도 매장을 운영하는 입장에서 가장 크게 와 닿는 부분은 사람 중심과 포용, 상생의 가치를 실천하는 열린 고용정책입니다. 오늘 고령층과 장애인 채용의 성공사례라고 할 수 있는 서석봉 크루, 서유란 크루와 함께하게 되어 기쁘게 생각합니다.

서석봉 저는 입사하기 전에는 맥도날드의 기업문화에 대해 잘 몰랐어요. 토목직 공무원으로 30년 넘게 일하고 퇴직한 이후 10여 년을 소일거리로만 시간을 보내다, 지인 소개로 이태원점에 지원해 일하게 됐죠. 그게 벌써 8년 전인데, 지금 생각해도 참 행운이다 싶어요. 제 나이가 올해 82세거든요. 우리 나이에 일자리를 찾는다는 게 그만큼 어렵습니다. 그리고 맥도날드는 여러 면에서 일하는 사람을 존중해 주는 것이 느껴져서 좋아요. 교육도 체계적으로 해주고, 일하는 시간도 사정에 맞게 선택할 자유를 주잖아요. 저는 주3일 근무인데, 기왕이면 도움이 되고 싶어서 금·토·일요일을 선택했습니다.

서문수 서석봉 크루처럼 지점에 필요한 일을 적극적으로 찾아 하는 책임감과 주인의식이 시니어 크루 분들의 장점이에요. 저와 같은 관리자뿐 아니라 함께 일하는 동료들에게도 큰 도움과 동기부여가 되죠. 장애인 크루 분들의 장점은 맡은 일을 열심히,

확실하게 해내는 것입니다. 신림점에서 저와 함께 일하는 서유란 크루는 고객 칭찬도 많이 받아서 창립 35주년 기념 시상식에서 상도 받았어요. 그렇죠?

서유란 네. '제가 대신 치워드리겠습니다' 하면 손님들이 '고맙습니다' 하고 웃어요. 점장님이랑 매니저님이랑 잘 가르쳐 줘서 열심히 배우니까 재미있게 일할 수 있어요. 처음에는 3년 일하는 게 목표였는데, 13년 동안 일했어요.

존중하고 포용하는 열린 조직문화

서석봉 서유란 크루 말에 공감합니다. 일하는 게 즐거워요. 제가 하루 8시간씩 근무하는데, 보통 쟁반을 400~600장 정도 닦습니다. 보이는 대로 청소도 하고요. 손님들이 파도처럼 밀려왔다 썰물처럼 나가시면 녹초가 되지만, 그 피곤함이 기분 좋게 느껴집니다. '내가 오늘 하루도 최선을 다해 일했구나' 하는 만족감이랄까요. 사실 손님에게 친절하고 열심히 일하는 것은 당연한 것이고, 좀더 어려운 부분은 같이 일하는 사람들과의 관계 같아요. 나 같은 시니어 크루도 있고, 장애인 크루도 있고, 중년이나 젊은이도 있으니까, 서로의 생각이 다를 수 있다는 것을 명심해야죠.

서문수 맞습니다. 다양성을 존중하는 조직에서 일하면서 생각의 폭도 넓어지고 다른 사람의 입장을 배려하는 법도 배울 수 있어 좋은 점이 많지만, 그 과정이 쉽지만은 않죠. 그래도 대부분 갈등 없이 서로 도우면서 긍정적인 시너지를 낼 수 있는 가장 큰 이유는 맥도날드의 체계적인 직원교육에 있다고 생각합니다. 입사 전 교육과정에 장애인에 대한 편견을 바로잡고 다양성을 존중하는 내용이 포함되어 있기 때문에, 맥도날드에서 일하는 사람이라면 누구나 기본적으로 차이를 인정하고 배려하는 자세를 갖추고 있습니다. 서유란 크루도 같이 일하는 동료들하고 사이좋게 지내고 있죠?

서유란 네. 다들 도와줘요. 쓰레기 들고 가면 '무거우니까 도와줄게요' 하고 말해 줘요. 그럼 저는 '고마워요, 괜찮아요'라고 대답해요. '미끄러우니까 조심하세요', '잘하고 있어요' 말해 주면 기분이 좋아요. 전에 바리스타 할 때는 남들보다 느리니까 따돌림 당하는 기분이 들었어요. 여기서는 대답 잘하고, 알려주는 일 열심히 하고, 친절하게 하면 돼요. 어렵지 않아요.

서문수 시니어 크루 분들은 대부분 먼저 다가가면서 좋은 분위기를 만들어 줘요. 그러면 젊은 크루들도 시니어 크루를 잘 따르죠. 서석봉 크루도 젊은 크루들을 편안하게 잘 대해주실 것 같아요.

서석봉 무엇보다 나이 먹었다고 어른 행세 안 하려고 조심합니다. 상대방의 입장을 먼저 생각하고, 기왕이면 도움을 주려고 해요. 예를 들어 얼음 퍼다 나르는 것 같은 힘든 일이 있으면, 먼저 찾아 하죠. 혹시라도 기분 상할 일은 만들지 않도록 항상 조심하고요. 또 같이 일하는 크루 이름을 다 외워서 먼저 인사를 건넵니다. 그렇게 다가가니 10대·20대 젊은 크루들도 저를 잘 챙겨줘요. 조금씩만 신경 쓰면 서로 즐겁게 일할 수 있죠.

시니어 크루 분들은 대부분
먼저 다가가면서 좋은
분위기를 만들어 줘요.
그러면 젊은 크루들도
시니어 크루를 잘 따르죠.

쓰레기 들고 가면
'무거우니까 도와줄게요'
하고 말해 줘요. 그럼 저는
'고마워요, 괜찮아요'라고
대답해요. '잘하고 있어요'
말해 주면 기분이 좋아요.

McDonald's Korea 35 Years

맥도날드는 여러 장애인에게
오랜 기간 즐겁게 일할 수
있는 일터를 제공함으로써
경제적 자립뿐 아니라
사회성을 키우는 데도
기여하고 있습니다. 장애인
크루 분들도 누구보다 열심히
맡은 역할을 해내고 있고요.
시니어 채용 역시 매장과
시니어 크루 모두에게 도움이
되는 노령층 고용의 우수
사례라고 생각합니다.

일하는 행복, 함께 누릴 수 있도록

서문수 평소에도 열린 고용정책의 취지에 공감해
왔지만, 두 분과 말씀을 나누며 다시 한 번 그 의미를
되새기는 기회가 되었습니다. 서유란 크루의 경우처럼,
맥도날드는 여러 장애인에게 오랜 기간 즐겁게 일할
수 있는 일터를 제공함으로써 경제적 자립뿐 아니라
사회성을 키우는 데도 기여하고 있습니다. 장애인 크루
분들도 누구보다 열심히 맡은 역할을 해내고 있고요.
시니어 채용 역시 매장과 시니어 크루 모두에게 도움이
되는 노령층 고용의 우수 사례라고 생각합니다. 대부분
시니어 크루 분들이 서석봉 크루처럼 적극적으로
매장에 기여하고 있고, 일을 하면서 몸과 마음도 더
건강하게 유지하시는 것 같아요. 제가 미아점에서 일할
때 계셨던 임갑지 크루 같은 분은 92세에 퇴직하실
때까지 17년간 건강하게 근무하셨죠.

서석봉 맞아요. 일자리가 있으니 책임감을 가지고
건강도 더 신경 써서 관리하게 되니까요. 저는
맥도날드에 근무하는 8년 동안 개인적으로 힘든 일도
많이 겪었는데, 일이 없었다면 버티기가 더 힘들었을
겁니다. 아내가 5~6년을 앓다가 2년 전 세상을
떠났거든요. 그래도 여기서 일한 덕에 내가 번 돈으로
맛있는 것도 사줄 수 있었고, 아내가 떠난 지금은
슬프지만 극복하고 살아갈 힘을 얻고 있죠. 고마운
만큼 함께 일하는 동료들과 이태원 매장을 찾아주시는
손님들에게 기분 좋은 기억으로 남을 수 있도록 최선을
다하게 됩니다. 동료들이 '함께 일하면 편하다'고
말해줄 때, 손님들에게 '이태원 매장은 항상 깨끗해서
좋다'는 얘기를 들을 때 가장 보람을 느끼죠. 앞으로도
맥도날드의 시니어 크루, 장애인 크루 채용이 계속
이어져서 저와 서유란 크루처럼 일하는 행복을 누리는
사람이 많아지기를 바랍니다.

주방, 매장은 물론, 원재료가
생산되는 현장까지. 맥도날드는 더
나은 세상을 위해 진심을 다한다.

더 나은 세상을 위한
작지만 큰 변화
맥도날드의 ESG 경영

외식 레스토랑이 탄소저감까지?

"플라스틱 뚜껑으로 유니폼까지 만들 수 있나요? 정말 놀랍네요."

2023년 4월 21일, 맥도날드 코엑스점. 환경부장관은 한국맥도날드 김기원 대표이사의 설명을 들으며 수 차례 감탄했다. 특히 맥도날드가 추진하는 탄소저감 노력에 감사의 뜻을 전했다. 널리 알려지지 않았지만 맥도날드의 ESG 경영은 최고 수준으로 그 역사 또한 짧지 않다. 홍보와 대외협력을 담당하고 있는 심나리 상무의 말이다.

맥도날드는 이미 오래 전부터 환경 친화적이며 지속가능한 경영을 전개해 왔습니다. 2013년부터 전국 매장의 폐식용유를 수거해 바이오 디젤 원료로 활용했습니다. 2018년에는 1.5억 톤의 온실가스 저감 실천을 선언했고, 포장재를 국제삼림관리협의회(FSC) 친환경 인증 제품으로 바꿨습니다. 최근에는 이러한 노력들이 우리 비즈니스 내에서 선순환 체계를 갖출 수 있는 방향으로 한 단계 더 업그레이드시키고 있습니다.

한국맥도날드는 지속가능경영을 체계화, 종합화하는 한편, 최근 ESG를 위한 새로운 슬로건을 내걸었다. Better World, Better McDonald's. 세상에 좋은 일이 맥도날드에게도 좋은 일이라는 것. 겉으로만 친환경인 것처럼 포장하는 이른바 '그린워싱'을 한다거나 남들이다 ESG를 하니 어쩔 수 없이 따라가는 것이 아닌, 세상에 좋은 일을 앞장서서 이끌고 가겠다는 강력한 의지의 표현이다. 맥도날드는 현재 다음과 같은 4개 분야를 중심으로 체계적인 ESG 경영을 펼치고 있다.

• 우수한 품질의 식자재 공급
• 지구환경 보존
• 지역사회 연계 및 지원
• 다양성과 포용성이 보장되는 일자리 창출

QSR(Quick Service Restaurant) 업계 내 ESG를 가장 잘 하는 기업으로 소비자들이 맥도날드를 일등으로 손꼽는 데에는 다 그만한 이유가 있다.

원재료부터 지구와 사람, 모두를 생각하다

코로나 팬데믹 시기를 제외하고 2014년부터 한 해도 빠짐 없이 추진한 맥도날드만의 독특한 캠페인이 하나 있다. 바로 주방 공개다. 한 번이라도 이 캠페인에 참가해본 고객들이 이구동성으로 하는 말이 있다.
"항생제를 사용하지 않은 건강한 닭고기, 청정 자연에서 기른 100% 순쇠고기를 사용한다는 사실을 알고 너무 놀랐습니다. 친환경 채소가 이렇게 깨끗하게 관리, 유통된다는 데 엄마로서 마음이 놓였습니다."
맥도날드는 좋은 식자재에 진심을 다한다. 품질은 물론, 지구와 사람 모두를 생각하는 원재료를 사용한다. 대표적인 것을 몇 가지 소개하면, 다음과 같다.

• 양상추 : 물과 토양까지 점검, 국제농산물우수관리 (Global GAP+) 인증 제품
• 커피 원두 : 환경 및 노동자 인권을 검증하는 열대우림동맹(RFA) 인증 제품
• 소고기 : 호주 청정 지역에서 키운 무방부제 & 무첨가제

100% 순쇠고기 패티
• 계란 : 국내산 1+ 등급 품목

플라스틱 뚜껑으로 유니폼까지 만드는 재활용 정책

맥도날드의 ESG 경영 중 가장 주목을 받는 부분은 재활용, 친환경 정책들이다. 일회용품 사용이 많은 업종임에도 기술 개발과 새로운 아이디어로 그 비율을 대폭 줄여가기 때문이다. 대표적인 친환경 사례들을 살펴보자.

• 업계 최초 전기 바이크 도입
• 빨대 없는 음료용기 '뚜껑이' 개발로 탄소저감
• PET 컵 뚜껑을 재활용해 직원 유니폼 제작

여러 협력업체들과 함께 구축하고 있는 '커피박 활용 사료 공급 시스템'도 화제를 모으고 있다. 한국맥도날드 공급망관리(SCM) 담당 김한일 전무는 그 의의를 다음과 같이 말한다.

우리나라의 1인 커피 소비량은 매우 높습니다. 우선 맥카페에서 나온 커피박을 후처리 과정을 거친 뒤, 기술 협력을 통해 개발한 가축의 사료로 재활용합니다. 이것을 매일유업 목장으로 보내 소들에게 먹이고, 거기에서 생산된 우유로 다시 맥도날드에 공급하는 선순환 체계입니다. 커피박에는 영양소도 많고, 탈취 효과까지 뛰어납니다. 축산농가의 악취 해소, 축분 처리 비용 절감 효과까지 얻을 수 있습니다.

맥도날드는 이러한 친환경 정책 외에도 재해현장의 소방관, 코로나19 팬데믹 시기 의료진 및 청소근로자, 차상위계층 어린이 등에게 '행복의 버거'를 무료지원하거나, 푸드뱅크에 기부하는 등 활발한 지역사회 공헌사업도 펼쳐가고 있다. 더 좋은 세상을 만들기 위한 맥도날드의 발걸음은 오늘도 분주하다.

PET 리사이클링 유니폼
ⓒ 한국맥도날드

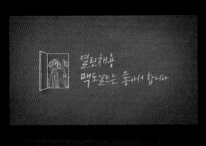

ESG 홍보 영상
ⓒ 한국맥도날드

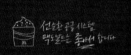

ESG

더 좋은 세상을 위한
맥도날드의 노력

2018
- 외식업체 최초 온실가스 저감 선언
  (2030년까지 1.5억 t 저감)
- 무항생제 닭고기,
  RFA 인증 커피 원두 사용

2019
- FSC 인증 친환경 포장재 사용
- 친환경 전기 바이크로 교체

2020
- 업계 최초 빨대 없는 '뚜껑이' 도입
- 업계 최초 해바라기유 도입

2021
- 3R 정책으로 ESG 경영 방향성 제시

2022
- 직영 매장 친환경 전기 바이크
  100% 교체 완료

2023
- 'PET 리사이클링 아우터' 도입

향후 예정
- 전 포장재, 재활용 인증품 교체(2025)
- 포장재 잉크, 천연으로 교체(2025)
- 케이지프리(Cage-Free) 계란 사용(2025)
- 넷제로(Net Zero) 달성(2050)

1

폐플라스틱으로 만든 옷

2023년, 맥도날드는 새 유니폼을
선보였다. 가장 눈길을 모은 것은
'PET 리사이클링 아우터'. 아우터는
보온을 위한 옷으로 페트병 재활용
원단에 플라스틱으로 만든 충전재로
만들어졌다. 여기에 사용된 플라스틱은
전국 맥도날드 매장에서 버려지는
일회용 투명 플라스틱 리드(컵뚜껑)다.

2

이젠 굿즈도 친환경으로!

2021년 맥도날드는 친환경 크리스마스
장식(오너먼트) 증정 이벤트를
진행했다. 장식은 맥도날드 매장에서
수거된 플라스틱 컵과 리드(컵 뚜껑)
등 일회용품을 충전재로 재탄생시킨
친환경 굿즈. 재활용품으로 만들었다는
점에서 고객들의 큰 환영을 받았다고.

3

환경은 물론, 노동까지 생각하는 커피

맥도날드 커피는 남다르다. 100%
'열대우림동맹(RFA) 인증'의 친환경
원두만을 사용한다. RFA는 친환경
농법을 실천하는 농장에서 안정적인 삶을
보장받는 노동자들이 키워 낸 농작물에만
부여되는 인증으로 정평이 나 있다.

4

커피박이 사료로,
다시 우유로,
다시 맥도날드로

맥도날드는 오랜 협력업체들과
함께 커피박 순환 모델을 추진하고
있다. 맥도날드와 매일유업,
카길애그리퓨리나 등이 함께 추진하는
프로젝트다. 즉 쓰고 남은 커피박을
사료로, 사료를 매일유업 농장으로,
그곳에서 생산된 1등급 우유를 다시
맥도날드가 활용하는 방식이다. 이를
통해 연간 약 4,394kg의 탄소배출 및
온실가스 저감 효과가 예상된다. 이는
30년 된 소나무 약 650그루 이상이
1년간 1Ha당 흡수하는 탄소량과 맞먹는
수준.

18,540인의
고용 효과

1988년 창립 당시 한국맥도날드 임직원의 수는 140여 명에 불과했다. 지금은
전국 400여 개 매장에 1만 8,540명의 임직원(가맹점 포함)들과 함께하고
있다. 창립 35년 만에 약 132배에 달하는 고용 성장을 이룬 것이다. 특히 청년
실업, 장애인 실업, 고령자 실업 등이 문제가 되는 시점에, 이들에게 일자리를
만들었다는 점에서 높은 평가를 받고 있다.

140 ···▷ 18,540

6

숫자로 보는
맥도날드의 고용 성과

21년	최장기 근속 장애인 크루 근무 기간
47.6%	여성 임원 비율(국내 기업 평균 6.3%)
92세	역대 맥도날드 최고령 크루 나이
98인	10년 이상 장기 근무 장애인 크루의 수
192인	장애인 크루의 수
567인	시니어 크루의 수
3,590인	5년 동안 신규 채용한 주부 크루

1+	1+ 국내산 무항생제 달걀 사용(축산물품질평가원)
50	포장재 50종, FSC 인증 친환경 제품으로 교체
100	직영 매장 친환경 전기바이크로 100% 교체 완료
3,500	폐식용유 연간 3,500톤 수거, 바이오 디젤 원료로 활용
114,600	'뚜껑이' 사용으로 11만 4,600kg의 플라스틱 감소
150,000	폐기물 재활용으로 15만kg의 이산화탄소 감축
150,000,000	업계 최초 2030년까지 1.5억 톤의 온실가스 저감 예정

숫자로 보는
맥도날드의
ESG 경영

Sports

우리도 대한민국을 대표하는
국가대표다!

버거 모양으로 만든 강릉올림픽파크 매장.
평창 동계올림픽의 상징으로 수많은
고객들이 방문했다. ⓒ 한국맥도날드

Great, PyeongChang!
Great, McDonald's!

올림픽, 월드컵…
그리고 맥도날드

평창동계올림픽의 상징이 된 맥도날드

이른 아침부터 트레이닝복 차림의 외국인들이 쉴 새 없이 오간다. 한국의 로컬 메뉴로 아침식사를 마친 그들은 기념 촬영을 하느라 여념이 없다. 강릉에 오픈한 한국맥도날드 강릉 동계올림픽파크 매장 앞, 그들이 찍은 사진은 소셜 미디어를 통해 전 세계에 전파된다. 맥도날드의 매장 전경은 버거 모양이다. 한 외국인 선수가 엄지손가락을 치켜들고 나가며 말한다.

"Great, PyeongChang!!!"

2018년에 열린 세계적인 빅스포츠 이벤트인 평창동계올림픽은 큰 성공을 거두었다. 수많은 글로벌 스포츠 스타들과 외신들이 극찬을 보냈다. 한국의 문화, 한국의 풍경, 한국의 선진적인 IT서비스, 한국의 맛… 모든 것이 찬사를 받기에 충분했다. 그 성공 뒤에는 한국의 아름다움과 문화, 한국의 맛을 세계인들에게 선사하기 위해 노력한 맥도날드의 노력도 숨어 있었다.

당시 맥도날드는 두 곳의 매장을 마련했다. '강릉 동계올림픽 선수촌' 매장과 '강릉 동계올림픽 파크' 매장이다. 특히 '강릉 동계올림픽 파크' 매장은 세계 최초의 버거 세트 모양의 건축물이라는 기록도 세웠다. 매장 앞 대형 후렌치 후라이 박스에는 매장을 배경으로 사진을 촬영할 수 있는 포토존을 마련, 관광명소로 자리잡았다.

우리 모두가 국가대표였다
당시 맥도날드는 평창 동계올림픽이 성공적으로 개최되도록 많은 노력을 이어갔다. 한국과 맥도날드를 대표하게 될 '국가대표 크루' 선발전도 진행했다. 선발전에는 800여 명의 크루들이 지원, 약 10대 1의 경쟁률을 기록했다. 국가대표 크루들은 진심을 다해 세계의 고객을 맞았다. 배근석 당시 국가대표 크루의 이야기다.

"근무가 끝나면, 맥도날드에서 제공한 강원도 투어, 액티비티 활동, 올림픽 경기 관람 등을 했어요. 다른 크루들과 함께 강릉 커피거리에서 보았던 불꽃놀이가 기억에 남습니다. 힘든 점도 많았지만, 세계적인 행사에 참가했다는 뿌듯함이 좋은 추억으로 남았습니다."

당시 매장에 파견된 것은 국가대표 크루만이 아니었다. 자원하는 본사 직원들도 올림픽 현장으로 파견했다. 상당수의 본사 직원들이 매장에서 패티를 굽고, 손님을 안내했다. 맥도날드의 모든 이들이 대한민국 국가대표였다.
특히 평창 동계올림픽은 북한의 참가로 크게 화제를 모았는데, 맥도날드도 평화 무드 조성에 기여했다. 북한 선수단은 수시로 매장을 찾아 버거는 물론 아이스크림류와 애플망고 스무디 등 디저트를 즐겼고, 맥도날드 직원들에게 응원을 부탁했다. 당시 매장에서 근무한 이창우 시니어 크루는 다음과 같은 회고담을 남겼다.

"북한의 피겨 국가대표인 염대옥 선수가 퇴촌할 때까지

날마다 우리 맥도날드 매장을 찾았어요. 아이스크림과 맥너겟을 정말 좋아하더라고요. 잘 먹는 모습이 어찌나 좋아보이던지."

맥도날드는 올림픽이 개최될 때마다 글로벌 차원의 캠페인에 힘을 보탰다. 특히 2012년 런던 올림픽과 2016년 리우 올림픽에는 각각 한국에서 2명의 올림픽 챔피언 크루를 뽑아 현지 맥도날드로 파견했다.

고객과 함께 월드컵을…
세계에서 가장 큰 스포츠 제전은 월드컵이다. 맥도날드도 매 시기 월드컵이 열릴 때마다 지원을 아끼지 않았다. 특히 2002년 한일 월드컵은 우리나라에서 열렸다는 점에서 의미가 남달랐다. 맥도날드는 공식 후원사로서 플레이어 에스코트 역할까지 맡았다. 축구선수 입장 시, 이들과 손을 맞잡고 경기장으로 입장하는 특별 행사였다. 각 매장에서는 '월드컵 공식 마스코트 이름짓기 응모' 행사를 진행했다.
한편, 2006년 독일 월드컵 때에는 축구공 모양의 '월드컵 사커번(Soccer Bun)'을 처음으로 선보였다.
2010년에는 남아공 월드컵에 '플레이어 에스코트'로 참가할 어린이 1명과 응원단 5명을 선발했다. 플레이어 에스코트는 한국 대표팀 주장인 박지성 선수의 손을 잡고 경기장에 입장했다.
2022년 카타르 월드컵 때는 사상 최초로 전 세계 매장에서 '맥날 고?(Wanna Go to Mcdonald's?)' 글로벌 캠페인을 진행했다. 전 세계 75여 개 마켓에서 동시에 진행된 역대 최대 규모의 캠페인이었다. 특히 K-POP 아이돌인 'ITZY(있지)'가 글로벌 모델 중에 포함되어 특별한 의미를 더했다.
맥도날드는 고객과 함께 세계의 축제 현장에 서 있었다.

McDonald's Korea 35 Years

RMHC

Ronald McDonald House Charities

RMHC

나눌수록 커지는 맥도날드의 법칙

안녕, 두근두근 내 심장아

세상에 처음 태어나
사랑하는 엄마 아빠 얼굴 보고
두근두근
내가 좋아하는 공룡 장난감 사고
두근두근
이제 널 보내는 내 마음이
두근두근
16년 동안 함께 두근두근한 내 심장아
그동안 고마웠어, 안녕

안녕. 두근두근 새로운 내 심장아
아빠랑 자전거 타면서
두근두근
엄마랑 등산하면서
두근두근
지금은 널 기다리는 내 마음이
두근두근
우리 빨리 만나서
하루종일 뛰어보자
두근두근!

@ RMHC 후원 제8회 올림백일장 우수상 수상작 시. 김재영

McDonald's Korea 35 Years

아픈 마음 위로하는

세상에서 가장 따뜻한 집

제프리 존스
Jeffrey D. Jones

한국 로날드맥도날드하우스재단 회장

평범한 일상이 소망인 아이들을 위해

집안에 많이 아픈 아이가 있으면 가정은 송두리째 흔들린다. 부모는 치료비와 간병이라는 이중의 부담 속에 쫓기듯 하루하루를 버텨낸다. 늘 불안하고 고단한 가족의 마음은 아픈 아이에게로 고스란히 전해지고, 질병에 시달리는 몸과 함께 마음도 지쳐간다. 1974년 작은 쉼터로 시작, 1984년 재단법인으로 발전해 현재 68개국에서 운영 중인 로날드맥도날드하우스재단(RMHC, Ronald McDonald House Charities)의 로날드맥도날드하우스는 중증 질병으로 흔들리는 가정에 숨구멍 같은 공간이다. 전 세계 380여 곳의 로날드맥도날드하우스에서는 장기 입원이 필요한 어린이와 그 가족이 병원 가까이 함께 머무를 수 있도록 쾌적하고 편리한 주거공간과 식사 등의 서비스를 제공하고 있다. 2007년 설립된 RMHC Korea를 2015년부터 이끌고 있는 제프리 존스 회장은 아이들을 돕기 위해서는 먼저 부모를 편안하게 해줘야 하며, RMHC가 그 역할을 할 수 있다고 말한다.

"아이가 아픈 것만으로도 가정은 이미 고통스러운 상황에 놓이지만, 입원한 아이를 돌보는 환경은 가족들을 더욱 깊은 우울에 빠트립니다. 제대로 먹고 자고 입을 여유도 없이 구석진 병원 의자에서 버텨야 하죠. 몸과 마음이 지친 부모를 보며 아이들은 죄책감을 느끼고 의기소침해집니다."

아이들은 제프리 존스 회장이 RMHC Korea를 이끌기로 결심한 가장 큰 이유이자, 힘든 역할을 맡으며 얻게 된 가장 큰 기쁨이다. 중증 질병으로 치료받는 아이들 대부분은 안쓰럽게도 고통과 좌절 속에 일찍 철이 들어 웬만한 어른보다 생각이 깊다. 하지만 그 가운데서도 아이다운 순수함을 간직하고 있어 함께할 때마다 그에게 큰 감동과 영감을 주곤 한다.

"RMHC Korea 회장이 되어 가장 좋은 것이
아이들과 소통할 기회가 많다는 것입니다. RMHC
Korea는 8년째 매년 치료 중인 어린이·청소년을
대상으로 '울림백일장'을 진행하고 있는데, 정말
마음을 울리는 시가 많아요. 아이들을 만나서
물어보면, 또 출품된 시를 읽으면, 누군가에게는
평범한 일상을 얼마나 소망하고 소중히 여기는지
느끼게 됩니다. 그 아이들에게 가족과 함께 편안한
시간을 보내고 학교에서 배우며 또래와 어울리는
당연한 일상을 조금이라도 되찾아 주는 것이 저와
RMHC Korea의 바람입니다."

가정의 온기를 지키는 로날드맥도날드하우스
현재 한국에는 로날드맥도날드하우스가 1곳 운영되고
있다. 경남 양산부산대학교병원에 있는 RMHC 국내
1호 하우스는 2016년 착공식을 갖고 2019년 9월 지하
1층, 지상 2층 규모로 문을 열었다. 개별 욕실이 있는 방
10개, 60명이 한꺼번에 식사할 수 있는 식당과 부엌,
도서관과 놀이방 등을 갖추고 있어 중증 질환으로
치료받는 어린이·청소년과 가족들에게 행복한 일상을
되찾아 주기에 충분한 공간이다.

"RMHC 하우스를 보고 너무 멋있다, 기숙사처럼
지어서 이용 인원을 늘리는 게 어떠냐고 하는 사람도
있습니다. 하지만 RMHC 하우스의 가치는 집이
생각나지 않을 만큼 멋진 시설과 서비스에 담겨
있습니다. 실제로 전 세계 어디를 가나 RMHC
하우스는 최상의 시설과 서비스를 갖추고 있어요.
가족들이 질병과 치료에 지친 마음을 위로받도록,
이곳에서라도 잊고 있던 일상의 행복을 누리도록
사랑과 관심을 담아 제대로 대접하는 거죠."

소아암 환아와 가족을 돕기
위해 부산대병원에 국내
최초로 설립된 로날드
맥도날드 하우스
ⓒ 한국맥도날드

본사 임직원들이 경상남도 양산에
위치한 RMHC 하우스에서 청소
자원 봉사를 하고 있다.
ⓒ 한국맥도날드

난치병 어린이 환자를
대상으로 하는 울림백일장.
해마다 감동적인
문학작품들이 발표된다.
ⓒ 한국맥도날드

제프리 존스 회장은 RMHC Korea 회장에 취임한 이후 줄곧 하우스 건립을 최우선 목표로 많은 노력을 기울여 왔다. 설립 12년 만에 첫 하우스를 열게 된 것도 이런 노력의 결과다. 더 많은 도움이 필요한 서울에 2호 하우스를 짓는 것이 그 다음의 과제 중 하나다.

"하우스 건립에는 많은 시간과 비용이 들죠. 그래서 우리 재단은 병원 안에 편안한 의자와 먹을거리 등 밝고 쾌적한 환경을 갖춘 패밀리라운지를 마련하고, 장기입원한 아이들이 학업을 계속할 수 있도록 병원학교를 지원하는 등 당장 할 수 있는 여러 사업도 운영하고 있습니다. 하지만 최종 목표는 역시 하우스 건립과 운영입니다. 이웃 나라 일본에는 8개의 하우스가 있는데, 우리나라에도 6개 정도는 필요해요. 회장으로 재임하는 동안 서울 2곳을 포함해 광주, 대구, 울산 등 주요 도시에 하우스를 건립하는 것이 저의 목표입니다."

함께 만드는 행복한 가정, 특별한 기적
아픈 아이들과 그 가족의 행복을 지키는 RMHC Korea의 모든 사업에 반드시 필요한 것이 여러 기업과 개인의 후원이다. 그중에서도 글로벌 맥도날드와 한국 맥도날드는 가장 크고 중요한 역할을 담당하고 있다.

"RMHC 하우스 사업에서 비용만큼이나 중요한 것이 운영능력입니다. 무엇보다 중증 질병으로 고통받는 아이들과 그 가족을 위해 전문적인 지원을 제공할 수 있어야 합니다. 글로벌 맥도날드 본사에서는 수십 년간 쌓아온 하우스 운영 노하우를 전 세계 RMHC에 지원하는 관리본부를 직접 운영하고 있습니다. 꼭 필요한 시설이기 때문에 비슷한 시도가 여럿 있었지만, RMHC 하우스가 거의 유일하게

성공적이고 지속적으로 유지되는 이유죠. RMHC Korea 직원들 역시 이곳에서 훈련 과정을 거쳐 지금은 자랑스럽게 제 역할을 해주고 있습니다."

한국맥도날드는 좋은 이웃으로서 지역사회(Community)에 기여하고 더 나은 내일을 위해 가족(Family)의 가치를 지킨다는 원칙 아래 RMHC Korea가 '특별한 기적'을 만드는 데 가장 든든한 동반자로 함께하고 있다. 어린이를 지원하는 재단 취지에 맞춰 '해피밀' 및 연말연시 한정 '행운버거' 판매 수익금 일부를 기부하는 제도가 대표적이다. 이에 더해 비정기 행사 수익금 기부와 기업 차원의 기부도 지속적으로 진행하고 있다.

"우리 재단의 슬로건이 '함께 만드는 특별한 기적'입니다. RMHC Korea의 모든 사업은 '함께' 만들어 주시는 분들의 후원이 있어야 계속될 수 있죠. 지속적으로 많은 관심과 지원을 보내주는 한국맥도날드를 비롯해서 고마운 후원 기업이 참 많습니다. 개인 후원자와 봉사자 분들에게도 큰 도움을 받고 있고요."

아이의 중증 질환으로 웃음을 잃은 가정에 일상의 행복을 되찾아주는 RMHC Korea의 '특별한 기적'은 한두 사람이나 기업의 힘만으로는 만들어질 수 없다. 하지만 함께라면, 맥도날드에서 해피밀 세트, 행운버거를 먹는것과 같은 작은 실천으로도 기적을 이어갈 수 있을 것이다.

RMHC

RMHC

나눌수록 커지는
맥도날드의 법칙

2007
· 재단법인
한국로날드맥도날드하우스 설립

2008
· 부산대학교 어린이병원학교
설치 지원

2009
· 서울대학교 RMHC 패밀리 라운지
설치 지원

2012
· 행복의 나라 매출 일부,
RMHC 기부

2015
· 어린 환자를 위한
제1회 울림백일장 개최(연간 행사)
· 로날드 가족걷기대회 시작

2019
· 부산대학교 병원 인근RMHC 하우스
개관(양산시 물금읍, 1,521㎡)

1

맥도날드의
RMHC 후원

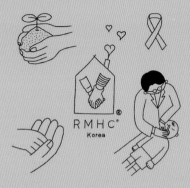

1974년 미국 필라델피아에서 RMHC 1호가
탄생된 이래 전세계 모든 맥도날드는
RMHC의 최대 후원사 역할을 자처하고 있다.
한국맥도날드 역시 RMHC Korea 설립과 함께
꾸준한 후원을 이어오고 있다. RMHC는 이
금액을 희귀병을 앓고 있는 어린이 지원 등의
사업에 활용하고 있다.

2

모두를 위한
'행운버거', 착한
버거로 등극

2013년 탄생한 행운버거는 매해
연말연시에 출시된다. 2019년부터
버거 하나당 일정액의 적립금을 모아
RMHC에 기부했다. 행운버거는 이러한
이유로 '착한버거'라는 애칭을 갖고
있다. 2022-2023년 연말연시에는
행운버거 판매를 통한 기부금이
2억 4,000만 원으로 역대 최고액을
달성했다.

+100

RMHC KOREA

어린이 환자와
가족을 위한
RMHC 하우스

희귀병을 앓고 있는 중증 환아와 가족들은 늘 힘든
투병생활을 하고 있다. RMHC는 이들을 위해 쉼터를
건립, 환아와 가족을 지원한다. 국내 1호 쉼터는
경북 양산 부산대병원 부지 내에 위치해 있다.
2020년 이후 2023년 1월 현재까지 256명의 환아가
입실했고, 총 숙박일은 4,485일에 이른다.

전 세계와 함께,
'해피밀'
적립 기부

행운버거뿐만이 아니다. 해피밀을
구매할 때에도 제품 하나마다 적립금이
누적된다. 전 세계적인 활동으로,
적립 금액은 행운버거와 마찬가지로
RMHC에 기부된다. 어린이 장난감과
맛있는 버거를 즐기면서, 함께 나누는
기쁨에 동참할 수 있다.

함께 만들어가는
특별한 기적
울림백일장

울림백일장

울림백일장은 중증 어린이 환아들의 마음속 이야기를 문학으로
마주하는 행사다. 장기간 치료로 지친 어린이들의 몸과 마음을
달래고, 그들의 속마음 속 이야기를 널리 알리고자 해마다
문화체육관광부와 협력해 울림백일장 공모전을 진행하고 있다.
첫 시작은 2015년 12월이었다. 그해 11명의 작품이 동화작가
등 심사단의 평가를 거쳐 선발되었고, 이들의 시와 산문을 더욱
아름답게 만들기 위해 11명의 미술작가도 힘을 보탰다.
2022년 현재 울림백일장은 8회까지 진행되었고, 어린이들의
작품은 마음을 울리는 진솔한 내용이 많다는 평가를 받고 있다.

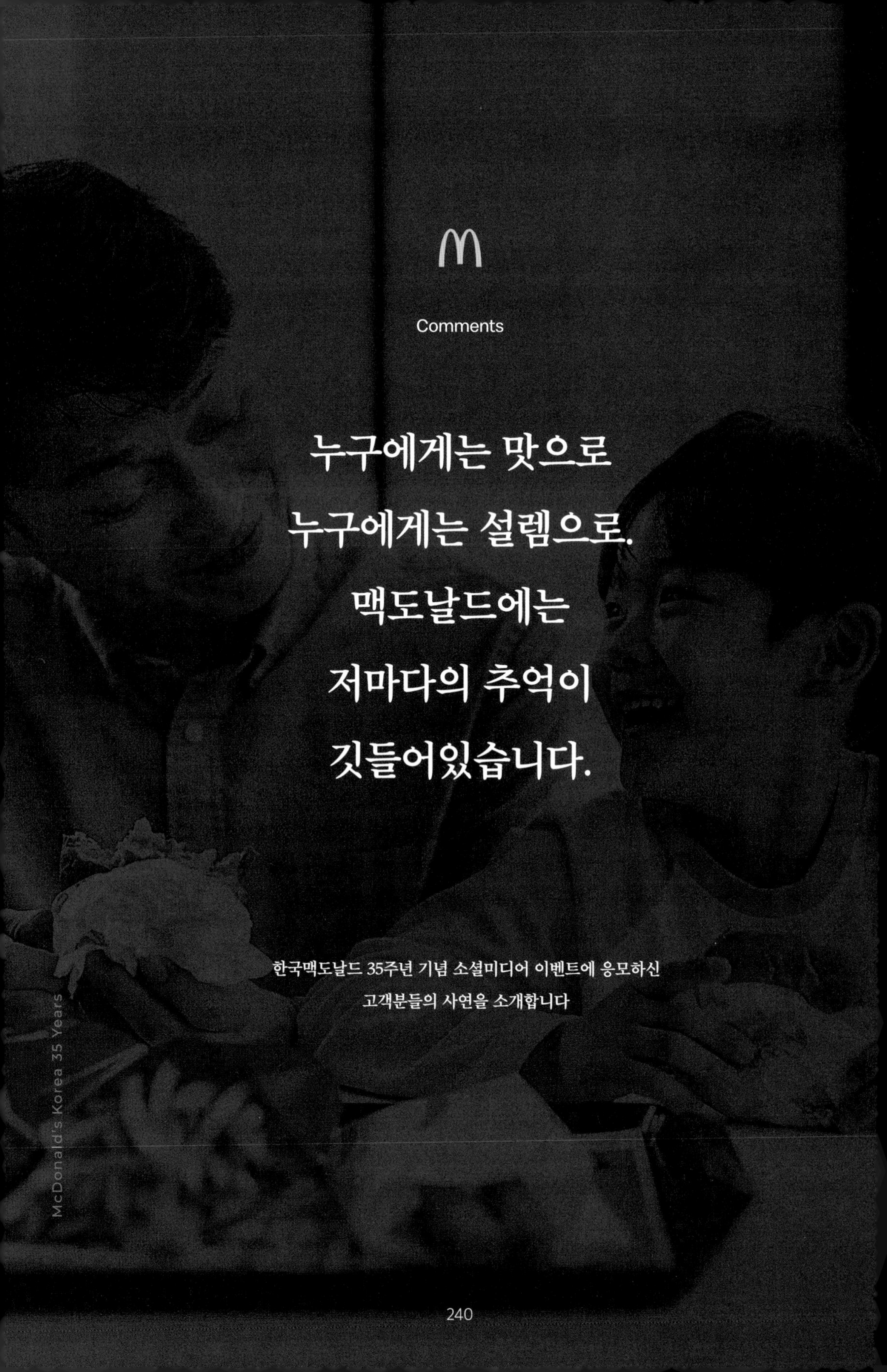

M

Comments

누구에게는 맛으로
누구에게는 설렘으로.
맥도날드에는
저마다의 추억이
깃들어있습니다.

한국맥도날드 35주년 기념 소셜미디어 이벤트에 응모하신
고객분들의 사연을 소개합니다

McDonald's Korea 35 Years

1990년대 후반, 맥도날드에서 노트북 경품 이벤트를 열었다. 나는 18K 천연사파이어와 루비로 맥도날드 로고 장식품을 만들어 응모했지만 결과는 탈락! 맥도날드가 반송한 고가의 응모작만 덩그러니 남았다. 그런데 오랜 세월이 지나자 금값이 크게 올라 뜻하지 않은 재테크가 되었다. 그때는 실망했지만 지금은 추억이 된 맥도날드 경품 행사.

@ 전수현 님

약 15년 전, 축구를 좋아하는 오빠를 따라 맥도날드 어린이 축구교실을 신청했습니다. 하지만 오빠는 선발되지 못했고, 축구를 전혀 몰랐던 제가 덜컥 선발되었습니다. 부산 아시아드 주경기장에서 매주 축구공을 찼던 여름은 제 생애 처음 맛본 짜릿하고 뜨거운 추억입니다. 머리카락이 흠뻑 젖을 정도로 뛰며 골을 넣었을 땐 세상을 다 가진 것 같았습니다. 수업을 마치고 맥도날드 소프트콘을 먹었던 그 여름은 잊을 수 없는 날이었습니다. 지금은 주말마다 K리그를 직관하는 팬이 되었지요. 저에게 달콤한 추억을, 뜨거운 열정을 선물해 준 맥도날드에게 감사의 인사를 전합니다.

@ 최가을 님

어렸을 적엔 맥도날드에 놀이방이 있어서 주말 점심에 가족들과 함께 종종 맥도날드에서 햄버거를 먹었던 기억이 있습니다. 그럴 때마다 해피밀 장난감을 사달라고 조르곤 했는데. 생일 때엔 맥도날드에서 친구들을 불러모아 파티를 하며 놀이방에서 같이 놀던 좋은 추억이 있습니다. 지금은 다 큰 성인이 되었지만 맥도날드에 놀이방이 사라져서 아쉬워요. ㅠㅠ.

@ 이수민 님

고교 재학 시절, 친구와 함께 총신대점에서 일했습니다. '버거 만들기'부터 시작했는데, 피쉬버거, 새우버거였던 걸로 기억합니다. 처음에는 뜨거운 수증기와 기름 때문에 두려웠지만 갈수록 흥미가 생겼습니다. 열심히 하다 보니 '이달의 크루' 상도 받았고, 매장 벽에 걸린 제 사진이 자랑스러웠습니다. 요식업에 종사하는 지금도, 그때 받았던 교육, 그때 느껴던 성취감이 떠오르곤 합니다.

@ 도라에몽 님

5살 때 부모님 손을 잡고 맥도날드에
갔습니다. 해피밀부터 바닐라콘,
초코콘, 치즈버거를 주말마다 먹었고,
쿵푸팬더 등의 해피밀 토이를 모았던
기억이 희미하게 남아 있어요.
성인이 되었을 때에는 크루로
일했는데, 치즈버거를 먹을 때면
어린 시절 먹었던 맛이 기억나곤
했습니다. 특히 크루를 하면서 성격도
밝아졌다는 말을 많이 듣곤 했습니다.
내 추억의 아이콘, 성격까지 밝게
만들어준 맥도날드, 고맙습니다.
@ 이서연 님

저는 호랑이 담배 피던 시절
맥도날드에서 크루로 일했던
사람입니다. 그때는 세상물정 모르는
풋풋한 대학생이었는데 지금은 어느덧
어른이 되었네요. 그때는 플라스틱
재질의 적립카드가 있어서 누적 포인트
도장을 찍곤 했죠. '이달의 크루'로
뽑히면 사진이 대문짝만하게 매장에
걸리곤 했어요. 친구들이 종로점에 올
때면 제 사진을 찾던 일이 생각나네요.
제 추억과 인연 중 '대부분이
맥도날드에서 만들어졌다'고 해도
과언이 아닐 정도로 맥도날드는 많은
것을 남겼어요. 지금도 매장에 가면
마음 한 켠이 아려오곤 합니다.
@ 임희숙 님

우리 집에는 큰 박스가 하나
있습니다. 해피밀 장난감 모음
박스랍니다. 생각해보면, 약 20여 년
전에는 맥도날드가 키즈카페 역할을
한 것 같아요. 장난감 조립과 맛난
버거를 동시에 즐길 수 있었으니까요.
얼마 전, 서른이 넘은 아들과 박스를
열어보았습니다. 아들의 추억이
담겨있는 그 박스. 몇 번의 이사에도
늘 간직하고 있습니다.

@ 김형화 님

1999년 처음 맥도날드에 크루로
입사해서, 그곳에서 만난 남편과
결혼을 하고, 2003년생 아들이 대를
이어 크루를 하고 있네요. 맥도날드는
저희 부부와 아들, 저희 아가씨네
부부, 저희 늦둥이 남동생까지
모두에게 일터와 사회생활의
배움터가 되었답니다.

@ 우정아 님

저에게는 10살, 8살 터울의 오빠,
언니가 있습니다. 5살 무렵부터
엄마와 함께 부평맥도날드에서
오빠, 언니의 하교를 기다리곤
했습니다. 집안이 부유하지 못했던
저에게 엄마는 해피밀 세트를 자주
사주셨습니다. 한 끼 식사도 되고,
장난감도 받을 수 있었으니까요.
오빠, 언니에게 달려가 몽글몽글
안겼던 그 시절이 너무나 그립습니다.
그때 모았던 스누피, 101마리 강아지
피규어는 지금도 우리집 크리스마스
트리에 사용된답니다.^^!

@ 마새빈 님

저에게는 커다란 액자가 두 개
있습니다. 예전에 맥도날드에서
근무했을 때부터 모았던
배지들입니다. 처음 시작했을 때에는
몰랐는데, 욕심이 생겨 계속 모으다
보니 2개나 되었습니다. 외국에 나갈
때에도 꼭 배지를 구입했고, 그래서
지금은 소중한 애장품이 되었습니다.

@ 공두용 님

누구에게든 잊지 못할 순간이
있습니다. 저는 맥도날드 TV광고에
직원 모델로 선정된 일이 그런
순간으로 기억됩니다. 몇 초에 불과해
알아보는 사람이 많지는 않았지만
언제 그런 경험을 해볼 수 있을까요?

@ 김세일 님

맥도날드 아이스크림과 해피밀을
좋아해서 집 주변 맥도날드에
부모님과 손잡고 갔던 기억이
많이 납니다. 그리고 초등학교
저학년까지는 생일파티도
맥도날드에서 했던 걸로
기억합니다~~! 맥도날드는 집
주변에서 가족들과 소소한 추억을
남겨준 곳입니다. 지금은 없어져서
아쉽지만 그 동네를 갈 때마다 매번
생각이 납니다.

@ 강은채 님

저는 2014년부터 2019년까지 약
5년간 맥도날드에서 근무했습니다.
길다면 길고, 짧다면 짧은 시간 동안
저는 정말 많은 추억을 만들었습니다.
버디 미팅을 하며 새로운 정보를
공유하고 친목을 쌓았던 순간들,
팀원들과 함께 다닌 여행, 저는
동료들과 함께 일하는 즐거움을
배웠습니다. 배달 대행 서비스가
없던 시절, 제가 직접 배달을 가기도
했죠. 팀원을 돕고 싶다는 생각으로
오토바이 타는 법을 배워 제가 먼
지역의 배달을 간 적도 있습니다.
또 하나의 추억은 시그니처 버거
골드 스텐다드 콘테스트입니다.
당시 콘테스트는 이론시험과 매장별
실습으로 이루어졌습니다. 그때
열심히 노력했던 기억이 새롭습니다.
입사 오리엔테이션 때 받은 감자튀김
모양의 USB와 배지는 아직도 제 보물
1호랍니다. 아르바이트에서 직원으로
인정받는 순간이라고 생각해 소중히
간직하고 있습니다.

@ 류하영 님

1999년 12월, 진주지역 첫 매장이
오픈했습니다. 맥도날드 단골 고객인
부모님 덕분에 전 1살 아기 때부터
맥도날드를 접했습니다. 그 기억이
맥도날드 크루 생활로 이어졌고, 군 복무
후 다시 팀 리더로 일하게 되었습니다.
오늘도 사천DT점에서 QSC & V를
고객에게 전달하고 있습니다.

@ 김도훈 님

오랜 시간 크루, 크루 트레이너, 스윙
매니저, 팀 리더로 근무하면서 내가 받고
싶은 서비스를 고객님께 제공해드리고자
열심히 응대하며 하루를 즐겁게 보내고
있었습니다. 어느 순간 고객님들도 제
진심을 알았는지 이따금 소소한 스몰
토크도 걸어주시고 단골이 되었습니다.
한 고객으로부터 받았던 칭찬 게시글이
너무 기뻐 펄쩍 뛰었던 기억도 납니다.
본사에서 받았던 우수 친절사원 배지는
지금도 오래 간직하고 있는 보물입니다.

@ 최영태 님

해피밀 굿즈를 처음 접하게 된 것은
지금은 20대가 된 아이들 덕분이죠.
버거도 먹고 작지만 튼튼하고 그
당시에 핫한 캐릭터들이 굿즈로
많이 나왔었죠. 처음엔 아이들을
위해 구입했는데 나중에는 제가
좋아서 해피밀 굿즈를 수집했습니다.
예전처럼 자주는 아니어도 제가
좋아하는 캐릭터가 나오면 가끔 새로
오픈한 광주 매장을 찾습니다. 지금은
많이 정리해서 큰 박스 1개 정도만
남아 있는데, 아이들과 함께 가끔
보곤 한답니다.

@ 한시연 님

2021년 10월 할로윈 때였습니다.
아이가 가장 좋아하는
맥도날드 감자튀김 분장을 하고
맥도날드를 찾아갔어요~~!
맥도날드 마스코트랑 사진을
찍고 싶었는데 그때 근무하시던
크루께서 선물도 따로
챙겨주셔서 너무 감사했고
아이들에게 큰 추억이
되었답니다.^^

@ 최선 님

McDonald's Korea
35 Years
Brand Story

기획
강한기, 김종규

집필
브랜드사 및 카피라이팅 강한기
브랜드 칼럼 이경석
인터뷰 칼럼 조선경, 김수영
전문가 칼럼 박찬일 셰프, 김갑용 소설가,
김용준 한국경제매거진 편집장

아트디렉터
김종규

디자인
박정은

사진
김종현

일러스트
박진영, 이유정

모델
김도형, 이선유(아동), 한윤아

제작
모종규 (노바)

기타 지원
촬영 어시스트 · 김주영
교정 교열 · 김신철
어린이 모델 어머니 · 김은영
모델 섭외 · 서동호 (스타에이전시)
메뉴 및 인터뷰 촬영 지원 · 이지희 대표 studio eat

사업 총괄
한국맥도날드 김기원

사업 TF
Corporate Relations (CR):
박주영, 심나리, 이지현
Finance (FI): 김민경
Information Technology (IT): 이인규
Legal: 김철홍
Marketing (MKT): 박수진
Operations (OPS): 김장미, 김재희
People: 김지연
Supply Chain Management (SCM):
정호성
Strategy & Insights (S&I): 차상윤

감수
Top Management Team: 김기원,
김철홍 (Legal), 김한일 (SCM), 박향례
(S&I), 심나리 (CR), 이순재
(FI&Development), 이해연 (MKT),
정승혜 (People), 정영학 (IT), 한연미
(OPS)
CR: 김송미, 박주영, 서리안, 심나리,
양형근, 이지현, 임세확

한국맥도날드 인터뷰
김광운 (OPS), 김미정 (People),
김영신 (People), 김재희 (OPS),
김지연 (People), 김철홍 (Legal),
김한일 (SCM), 김현태
(Development), 김혜숙 (OPS),
남은경 (OPS), 박주영 (CR), 박향례
(S&I), 배근석 (강남삼성점), 백창호
(SCM), 백한수 (Development),
서문수 (신림점), 서석봉 (이태원점),
서유란 (신림점), 심나리 (CR), 양형근
(CR), 이범규 (People), 이인규 (IT),

이주영 (상암DMC점), 이진희 (OPS), 이해연 (MKT), 이현종 (OPS), 임세확 (CR), 장미선 (OPS), 장중현 (FI), 전남희 (Development), 정승혜 (People), 정영학 (IT), 정지현 (OPS), 정호성 (SCM), 조상돈 (MKT), 차상윤 (S&I), 천미영 (People), 최나영 (MKT), 최유신 (FI), 최현정 (MKT), 하만기 (SCM), 한연미 (OPS), 허서화 (OPS)

한국맥도날드 외부 인터뷰

김선주 점주 (대전 한남대DT점 / 터미널점 / 목원대점 / 카이스트DT점 / 신탄진DT점 / 유천DT점 / 유성DT점 / 전주 중화산DT점 / 인후DT점 / 원주 단구DT점 / 단계DT점 / 제천DT점), 김수환 점주 (부산 사직점 / 초읍DT점 / 부산사직DT점), 노유경 (Publicis Groupe Korea), 박온기 (RMHC KOREA), 박종범 (압구정점 오픈 당시 근무 및 현재 서산DT점 점주), 방호열 (고객), 부경미 (RMHC KOREA), 이선우 (매일유업), 이은숙 (고객), 이훈민 점주 (군포산본DT점), 장유진 (매일유업), 전강석 변호사, 표상호 (창녕 농부), 하정욱 (창녕군청), 황동건 (오뚜기), Jeffrey D. Jones (RMHC KOREA)

자료 제공 - 한국맥도날드

길여진 (People), 김미정 (People), 김재희 (OPS), 김정숙 (OPS), 김지연 (People), 김철홍 (Legal) 김한일 (SCM), 김혜숙 (OPS), 문성주 (SCM), 박수진 (MKT), 박연정 (MKT), 박진희 (OPS), 백한수 (Development), 송명욱 (FI), 이희아 (People), 전남희 (Development), 정승혜 (People), 천미영 (People), 최나영 (MKT), 하만기 (SCM), 한연미 (OPS)

자료 제공 - 한국맥도날드 고객

강민지, 강은채, 공두용, 김대오, 김도훈, 김성호, 김세일, 김신철, 김형화, 도라에몽, 류하영, 마새빈, 박병혁, 박소영 (소마토), 박철민, 신화식, 우정아, 이서연, 이수민, 이수진, 임희숙, 장영은, 장형준, 전수현, 최가을, 최선, 최영태, 한시연, 황대원

촬영 모델 - 한국맥도날드

공성준 (고양삼송DT점), 김가람 (고양삼송DT점), 김도연 (용인DT점), 김동현 (고양삼송DT점), 김민경 (FI), 김범진 (고양삼송DT점), 김선주 점주 (대전 한남대DT점 / 터미널점 / 목원대점 / 카이스트DT점 / 신탄진DT점 / 유천DT점 / 유성DT점 / 전주 중화산DT점 / 인후DT점 / 원주 단구DT점 / 단계DT점 / 제천DT점, 김수환 점주/사직점 / 초읍DT점 / 부산사직DT점 점주), 김한일 (SCM), 김혜수 (고양삼송DT점), 박미란 (OPS), 배영기 (OPS), 서문수 (신림점), 서석봉 (이태원점), 서유란 (신림점), 송태규 (용인DT점), 송하영 (고양삼송DT점), 안소연 (고양삼송DT점), 양형근 (CR), 이미영 (고양삼송DT점), 이상권 (OPS), 이소희 (용인DT점), 이수현 (OPS), 이순재 (FI & Development), 이아현 (고양삼송DT점), 이영인 (고양삼송DT점), 이유정 (용인DT점), 이주영 (상암DMC점), 이진열 (OPS), 이진희 (OPS), 이해연 (MKT), 이훈민 점주 (군포산본DT점), 이희아 (People), 임세확 (CR), 임현규 (용인DT점), 전희경 (고양삼송DT점), 정승혜 (People), 최현정 (MKT), 하만기 (SCM), 허서화 (OPS)

촬영 모델 - 한국맥도날드 이외

노유경 (Publicis Groupe Korea), 방호열 고객님, 부경미 (RMHC KOREA), 이은숙 고객님, 표상호 농부님, 하정욱 (창녕군청), 황동건 (오뚜기), Jeffrey D. Jones (RMHC KOREA)

지원 및 협조

강성모 (OPS), 고은경 (OPS), 권경희 (OPS), 김경민 (MKT), 김민선 (고양삼송DT점), 김성철 (OPS), 김영아 (OPS), 김은미 (Legal), 김한석 (SCM), 송진호 (화인브릿지), 윤미숙 (OPS), 윤정훈 (메카닉코리아), 이수현 (OPS) 이지희 (studio eat), 장미선 (OPS), 전보영 (MKT), 정철원 (드림픽처스), 조신형 (OPS), 최정민 (유나스엔터테인먼트), 하만기 (SCM), 황선희 (레오버넷)

촬영 장소

노스게이트빌딩, 맥도날드 고양삼송DT점, 맥도날드 군포산본DT점, 맥도날드 대전카이스트DT점, 맥도날드 사직DT점, 맥도날드 용인DT점, 맥도날드 이태원점, 무의도 실미유원지, 서울 반포 한강공원, 잠실야구장, 창녕군 대지면 효정리 마늘밭, 창녕군농업기술센터, 퍼블리시스그룹코리아 본사, 하늘공원 노을캠핑장, 한국맥도날드 본사, studio eat, studio 아이레벨

*
이름은 가나다/ABC 순으로 표기했습니다.
직함 및 존칭은 생략했습니다.

2007년 1월 27일 로날드 아저씨가 왔어요!!

마냥 신났어요!!

맥도날드 일한지 무진장 오래되었는넹
로날드 아저씨가 실제로 온건 청이었어~
마냥 마이가 된둥이 얼마나 좋았던지
OP하고 피곤한데도
좋다고 사진찍은거아~
부끄럽지만 추억이니깐~
2007.02.02

Love the World you live in

Drive Thru

Hours

To fill the hour is happiness

McDelivery

McDonald's

McDonald's Korea
35 Years
Brand Story

초판 1쇄 발행 2023년 7월 5일
초판 3쇄 발행 2023년 8월 15일

지은이   강한기, 이경석 외
펴낸이   서병훈
펴낸곳   ㈜코스토리랩
　　　　　서울특별시 마포구 독막로9길 12 3층
　　　　　02-2631-0545
　　　　　www.co-story.co.kr
　　　　　출판 등록번호 : 제2019-000149호
디자인   아티팩트 주식회사
사진   아이레벨 스튜디오
인쇄   노바

979-11-983553-0-0 (03320)

이 책의 판매 수익금 전액은 한국RMHC에 기부됩니다.

값 16,000 원

ISBN 979-11-983553-0-0